地域福祉と生涯学習
学習が福祉をつくる

小林繁 編著
兼松忠雄／小松邦明／加藤タケ子／杉野聖子／宮島敏 著

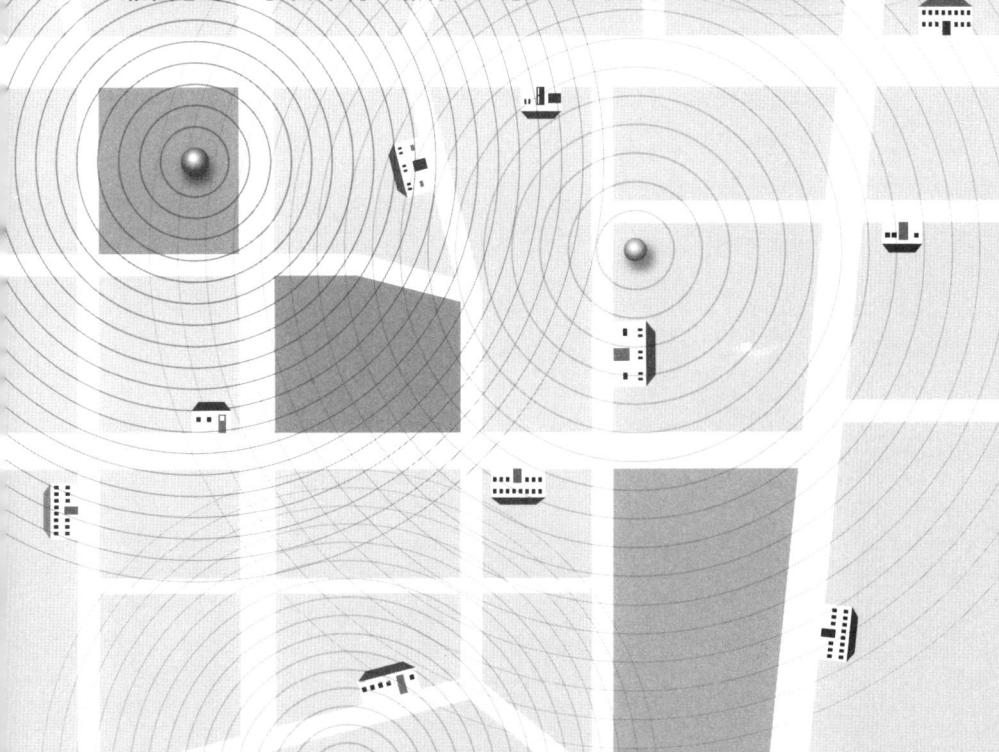

現代書館

はじめに

　本書は、教育と福祉をつなげるという課題意識に立って、今日の学習文化支援と福祉サービスとの相互的な関係のあり方とそこでの課題を明らかにすることを意図している。従来、教育と福祉は制度上、福祉行政と教育行政に分けられ、それぞれの領域での取り組みが展開されてきた。そうした点で戦前の反省の上に立って、福祉と教育の法制度を確立することで、支援や活動の内実を豊かにしてきたことは事実である。しかしながらその一方で、いわゆる縦割り行政の弊害といわれるような不合理な状況も生み出し、それが特に子どもの教育と福祉の統合的保障という課題となって提起されている点も強調しなければならない。

　周知のように、幼稚園と保育園の関係については、いわゆる幼保一元化の課題として提起され現在に至っているし、本来すべての子どもの心身の豊かな成長・発達を目的につくられたはずの児童福祉法が、教育基本法を中心とする教育関係法との関係で相対的に障害や非行、家庭環境等の問題を抱えた子どもの保護・育成に重点が置かれた内容になっていることの問題などは繰り返し指摘されてきた。

　さらに最近の貧困や格差の問題が顕在化する中で、人々の暮らしを支える上では福祉的な支援だけではなく、同時に学習文化支援の必要性が浮き彫りになってきている。例えば、非正規雇用やアルバイトなどで劣位な生活を強いられている人々がそうした状況を脱するには職業教育等によって、専門的知識や技術の習得が必要となるわけであるが、それが保障されないため貧困状況から抜け出せないことが指摘されている。こうした点からも、

特に福祉と教育さらに労働行政等の相互の連携・協力が問われてくるのである。

このような中で、従来の福祉サービスの主な対象者である障害をもつ人や子ども、高齢者に焦点を当てて見ると、同じように生活の質（QOL）を高め、文化的にも豊かにするために福祉と並んで学習文化支援が求められている。それゆえ問われるのは、福祉と学習文化の機会を提供する教育、とりわけ社会教育さらに広くとらえれば生涯学習支援とのつながりであり、それは一般に連携・協力や協働、さらにはネットワークなどといわれるものである。

以上のような視点にもとづいて、本書は以下のような構成で考察を行っている。まず、序章では先に述べた課題意識を整理しながら福祉と教育をつなげる方向とそこでの課題について仮説的に提示する。それはつまり、教育と福祉との相互のつながりをどうつくりあげていくかという実践的課題であり、同時に従来の福祉サービスの中に包含されている教育・学習的機能および教育活動の中に未分化に包含されている福祉的な機能や要素を明らかにしていく課題である。

それをふまえ第1章では、障害をもつ人の生活と学びをどう支えるかという観点から、障害をもつ人の学習文化支援の取り組みの成果と課題を明らかにする。あわせて特に精神障害当事者が運営する喫茶コーナーの取り組みに着目し、それが教育と福祉の両面から重要な役割を担っていることを強調している。

これを受け第2章では、この間全国に広がってきている障害をもつ人が働く喫茶コーナーの具体的な取り組みについて新しい動きも含めて紹介されており、そこからは福祉サービスと学習文化支援の機能が密接不可分に融合しながらその役割を果たしている状況を読みとることができる。続く第3章では、障害をもつ人の就労支援に焦点を当て、ジョブコーチといわれる専門スタッフがたまり場づくりを含め、様々な教育的手法を駆使しな

がら企業や事業所などでの支援の取り組みを行っている様子が紹介されるとともに、障害をもつ人がごく普通に社会の中で働くことのできる条件をどうつくっていくか、そこでの課題が整理されている。

　また第4章では、福祉教育的な視点から、公害の原点とされる水俣病、その中でも母親の胎内で水銀に侵されて生まれてきた、いわゆる胎児性および小児性水俣病患者とそのほかの障害をもつ人がともに過ごし働く場である「ほっとはうす」での実践に焦点を当て、そこに内在している教育と福祉の相互的な関係性の内実を明らかにすることが試みられている。

　さらに第5章では、急激な社会変動と少子化の進行の中で様々な問題を抱える現代の子どもたち、そして同時に子育ての様々な問題を抱える親たちを福祉と教育の両面から支援していく上で、地域のネットワークの構築が不可欠であり、それにむけての基本的な方向性と課題が示されている。

　最後第6章では、高齢者の生活の質を高める上で地域福祉とあわせて、学習文化支援という点から特に社会教育はどのような役割を担うことが求められるのかについて、福祉の歴史とこれまでの福祉施策の展開をふまえながら、あらためて学習文化支援の課題が整理されている。そこで想定されるのは、地域再生の「人財」となる高齢者像であり、それをめざす取り組みが求められていることが強調されている。

　上述した意図が達成できたかどうかについては、読者の判断にお任せするしかないが、どのような意図で本書が編まれたのか、その課題意識について理解いただければ幸いである。

地域福祉と生涯学習
―― 学習が福祉をつくる ――

目次

はじめに ………………………………………………………………… 1

序章　福祉と教育をつなげる ……………………………… 小林　繁　9

第1章　障害をもつ人の生活と学びを支える ……… 小林　繁　25
第1節　この間の福祉施策をめぐる動向 ……………………………… 26
第2節　障害をもつ人への学習支援の取り組みと課題 ……………… 31
第3節　精神障害当事者による地域への発信
　　　　──喫茶コーナーの取り組みから── ……………………… 42

第2章　障害をもつ人が働く喫茶コーナー
　　　　──地域になくてはならない「場所」として──
　　　　　……………………………………………………… 兼松忠雄　54
第1節　働くことと遊び学ぶことをつなげて ………………………… 55
第2節　カフェをキーワードに大学を地域に開く …………………… 58
第3節　「喫茶コーナーの広がり」がもたらしたもの ……………… 60
第4節　アビリンピックが変えたもの ………………………………… 64
第5節　存在しているだけで十分な…… ……………………………… 66
第6節　さまざまな居場所、コミュニティカフェへ ………………… 69

第3章　障害のある人の就労支援と学習 ……………… 小松邦明　74

　第1節　障害者雇用の現状と推移 ………………………………… 74
　第2節　ジョブコーチとは ………………………………………… 79
　第3節　働くために、働き続けるために ………………………… 85
　第4節　支援者が関わるときに必要な3つのポイント ………… 99

第4章　水俣病を「宝物」として伝えるプログラム実践
　　　　──「ほっとはうす」の取り組みから──
　　　　　　　　　…………………………… 加藤タケ子・小林　繁　107

　第1節　「ほっとはうす」の始まりから現在へ ………………… 108
　第2節　水俣病を伝えるプログラムの展開 …………………… 113
　第3節　伝えるプログラムの視点と方法 ……………………… 118
　第4節　コミュニティライフの実現にむけて ………………… 123

第5章　現代の子どもをめぐる問題と教育福祉の課題
　　　　　　　　　………………………………………… 杉野聖子　131

　第1節　現代の子ども・子育ての問題 ………………………… 131
　第2節　児童福祉の歴史 ………………………………………… 137
　第3節　子どもの育ちに関わる支援の課題 …………………… 144
　第4節　子育てに関わる支援課題 ……………………………… 149

第6章　地域福祉の視点から見た高齢者学習支援の課題
　　　　　　　　　　　　　　　　　　宮島　敏・杉野聖子　156

　第1節　地域福祉問題と生活課題 ……………………………………… 156
　第2節　日本が抱える福祉問題 ………………………………………… 159
　第3節　高齢者の地域生活と学習支援 ………………………………… 169
　第4節　地域再生の「人財」となる高齢者 …………………………… 177
　第5節　課題提起 ………………………………………………………… 182

〈巻末資料〉………………………………………………………………… 188

おわりに …………………………………………………………………… 227

　　　　　　　　　　　　　　　　　　　　　　　装幀　若林繁裕

序章　福祉と教育をつなげる

　　　　　　　　　　　　　　　　　　　　　　　小林　繁

（1）学習文化から疎外されている人々の存在

　地域福祉の視点から学習支援の課題を考える時、とりわけ様々な身体的・精神的・社会的なハンディキャップ等によって相対的にそうした機会から疎外されている人たち、つまり障害をもつ人、高齢者、外国籍市民や非識字者などの問題が浮かび上がってくる。それは、生涯にわたる学習を福祉的な面からサポートするという、憲法第26条の教育を受ける権利と同25条の文化的に生存する権利の理念とを統合した学習文化保障の課題として位置づけることができる。

　今日、生涯学習の時代といわれるように、学校に代表されるフォーマルな教育機関以外においても多様な学習文化活動の機会が提供され、多くの人々がそこに参加してきているという状況の中で、こうした人たちに焦点を当てて見ると、学習支援という点で著しく立ち遅れていることを問題にせざるをえない。その意味で、学習機会から疎外されている人々の学習文化保障のあり方が切実に問われてきているわけであるが、それは、より充実した生活の質（Quality of Life, 以下QOLと略す）を求める実践の課題と連動している。なぜならそこにおいては、様々なハンディキャップへの地域福祉的な対応とともに、いわゆる文化的生存権としての学習権の保障の観点から、文字通り生涯にわたる学習が不可欠であり、同時にエンパワーメントの観点から差別や偏見の原因となっているスティグマ（恥の観念）か

ら自らを解放し、自尊感情（セルフエスティーム）を高めていく上でも学習が必要とされるからである。

　小川利夫は、かつて子どもにおける教育と福祉の関係のあり方を問う中で、「子ども・青年の学習・教育権の保障問題を日常実践にそくして具体的にとらえるとき、その生存・生活権の保障問題が不可欠な前提」[1]であるにもかかわらず、それが学校教育主義的に矮小化されてきたことの問題、つまり「学校外における子どもの学習権保障の問題、とりわけ貧困児童あるいは施設児童その他の要保育および要保護児童の諸問題を軽視ないし無視してきた」ことを批判し、その根底には、教育と福祉の分離という歴史的問題状況があるとして、次のように述べている。すなわち、「日本における教育と福祉は、これまで伝統的に行政主導型の児童観によって幾重にも分裂され、そのことが子どもの権利を守り育てることを大きく妨げてきた」[2]と。

　こうした教育福祉の問題を小川が強調していたのは、1970年代の半ばであり、後述するような幼保一元化の問題に加え、当時の高校の希望者全員入学（高校全入）をめぐる問題[3]や学校の統廃合にともなう学校寄宿舎をめぐる問題、夜間中学や児童養護施設の問題など、教育と福祉の両面を貫く課題として意識されていたわけであるが、そこでの要点は、子どもと青年の学習権の保障の前提には「生存・生活権の保障」が不可欠であり、それゆえ教育と生活との結合が求められるというものであった。

　このような論点を今日の文脈でとらえ直す時、例えば生活保護の受給者が戦後最多を記録し続けている[4]ことなどに象徴されるように、景気や雇用情勢が好転しない中、多くの人が経済的に困窮している状況が明らかとなっている。すなわち、経済的格差の拡大によってもたらされた貧困化がかつてなく広がり、さらに拡大再生産されることによって「無縁社会」などと呼ばれるような人間同士の分離と孤立化を生み出してきているわけであるが、それがいわゆる自己責任論によって増幅され、自己肯定感や自尊

感情の剥奪を促してるという問題状況にあって、とりわけ子ども・青年だけではなく、障害をもつ人や高齢者など、いわゆる社会的弱者や社会的不利益者といわれる人たちの「生存・生活権の保障」と学習権保障との相互のつながりと連携という課題が浮かび上がってくるのである。例えば、子どもの教育保障において貧困問題が大きな影を落としていることは、この間の調査や報告からも明らかになっている(5)。すなわち、親の収入減がもたらす貧困によって学校内外の様々な学習文化活動の機会を奪われている状況が現に存在しているだけではなく、そのことによって進学等人生の選択肢が大きく狭められてきているのである。

そうした意味において、教育と生活との結合という先の小川の問題提起は、現在においても重要な意味をもっているといえる。それはつまり、教育と福祉との相互のつながりと関係をどうつくりあげていくかという実践的課題であり、そしてまた理論的には従来の福祉サービスの中に未分化に包含されている教育学習的機能や要素に着目し、その役割を明らかにしていく課題であるとともに、従来の教育活動の中に未分化に包含されている福祉的な機能や要素を明らかにしていく課題であるともいえるだろう。

(2) 福祉と教育の関係をめぐる問題

以上の点から考えると、教育の機能と福祉のそれとが相互に結びつき、補い合っている、つまり相補的な関係にあるということがわかる。いわゆる教育福祉というとらえ方は、こうした相互的で相補的なつながりを表現しているわけであるが、伝統的に欧米での学校外での子ども・青年の教育文化活動を総称するとされるCommunity Education という言葉には、いわゆるユースワークやユースソーシャルワーク、児童福祉的なサポートを含めた幅広い内容が含意されていることから、この両者が相互に関わっていることがうかがえる。

例えばイギリスでは、教育福祉サービス（Education Welfare Service）と

いう分野が成立しており、教育行政を司る教育当局に配置された教育福祉官（Education Welfare Officer）が中心となって不登校や学業不振、校内暴力、児童虐待や家族問題への対応、障害児や病院入院者へのケアとサポート、障害や人種等による差別問題への対応のほか、学校をドロップアウトした人や外国人移住者の就学を支えるため、学校と協同して行動支援計画を立案したり、社会サービス局や保健当局などの機関と連携調整しながら様々な支援が提供されているという(6)。

　またドイツでは、「ドイツ社会教育活動は、社会福祉援助活動と切り離せない(7)」といわれるように、日本の社会教育を指すとされる「社会的教育（Sozialpädagogik）」という用語は、教育と福祉の両面を含んだ概念であるといわれている。そしてその分野には青少年の自立支援に関わる専門職員（Sozialpädagoge）が配置されており、例えば虐待等からの保護と親への相談・助言活動、資格をもたない若者への就労支援や職業能力育成、障害をもつ人への援助、地域活動など多方面にわたっている。社会的教育の専門家が、「福祉と教育の接点にあたる領域で仕事をしている(8)」ともいわれる所以である。

　こうしたことは、筆者が調査でデンマークを訪れて、障害をもつ人や高齢者などを対象とした福祉関係の施設機関での取り組みを見聞した際に、多くの専門職員やスタッフが大学の教育学部出身者であったことなどからも理解できるのではないかと思われる。

　しかしながら日本の法制度においては、この両者が戦前の反省をふまえ、戦後、教育と福祉の制度に分けられ、管轄する官庁も教育関係は文部科学省、福祉関係は厚生労働省といったいわゆる縦割り行政の系列の中で政策的にも別個の分野・領域として扱われてきたことは周知の通りである。そのことは、戦後の児童福祉法の成立過程において、初期の草案の前文には、「すべての児童は、心身ともにすこやかに育成されるために必要な生活を保障され、その資質及び環境に応じて、ひとしく教育をほどこされ愛護さ

れなければならない」というように、「教育」という文言が入っていたにもかかわらず、実際の法では削除され、その理由が教育は文部省（当時）の所管であるというものであったという点からも見てとれる。

　先に述べた欧米での取り組みは、日本の学校教育においては生活指導や進路指導などの分野であるとされているわけであるが、この間の不登校や学級崩壊、さらには児童虐待や家庭の崩壊・貧困など、就学の前提となる環境が崩れてきていることの問題が顕在化してきている。また教育施設としての幼稚園と福祉施設としての保育園という形で修学前の子どもたちの過ごす場所・機関が制度上分かれていることの問題は、この間いわゆる保育一元化や幼保一元化といわれる課題として意識されてきたこともよく知られている。さらに不登校や引きこもり、障害児・者や少年非行の問題などは、福祉と教育の両者がどのように関わるのかについての問題を提起している。

　このような教育と福祉の関係をめぐる問題は、「古くて新しい歴史的課題である」といわれるように、日本では歴史的に第1次世界大戦時まで遡るとされ、当時の資本主義経済の発達によって生じた貧困問題などに対応する施策としての社会事業を社会教育の中に含め、いわゆる防貧や非行および犯罪の予防などを名目に福祉的な機能を教育に担わせるといった側面が強かったが、「教育福祉」論として問題を位置づけ、この両者の関係を実践的そして理論的課題として解明していくという志向が意識されるようになったのは、戦後の高度経済成長以降のこととされる。

　この時期、福祉に対する国民的な要求の高まりが、児童福祉における乳幼児保育の拡充を実現し、保育施設が各地につくり出されるわけであるが、そのことが先に述べた教育施設としての幼稚園と福祉施設としての保育園との分離を生み出していくのであり、そしてその延長に学童保育の広がりがある。そこで求められたのは、単に親が就労している間の子どもの保護を一時的に福祉で肩代わりするという、つまり親の就労を支援するといっ

た側面だけではなく、同時に子どもの豊かな成長を支えていくということ。そこには「明らかに福祉要求と教育要求とが重なり合って存在している」[11]状況が見てとれるのであり、そのことは児童館においてよりいっそう明確である。

　児童館は、児童福祉法により制度上、児童遊園などと並んで児童厚生施設と位置づけられているわけであるが、その目的は、子どもたちに健全な遊びを提供することで、健康の増進と豊かな情操を育むことにある。そこには、そうした活動を支援する専門の職員が配置されるとともに、他の福祉制度とは異なり、サービス利用に関して特別の条件を課していないことも特徴となっている。しかも、近年東京都杉並区の「ゆう杉並」をはじめとして、中学・高校生専用の児童館がつくられ、運営も彼らの自治的な活動をベースに行われるなどの取り組みも広がってきている点も強調しなければならない。このような意味で、児童館は取り組みの実態から見て、明らかに地域の子どもたちの豊かな成長・発達にむけ学習文化活動を支援し、保障する場そして自由な居場所としての役割を担ってきているといえるのである。[12]

　また、障害をもつ人の学習文化活動のあり方を考える時、福祉的視点が前提とされ、学習へのアクセスや条件整備として福祉的サポートが必要とされる場合も多いわけであるが、しかしながらそれが障害をもつ人の能力や可能性を引き出していく教育的働きかけまで全て網羅するものではない。その意味で、いわゆる生涯学習の視点から学習文化活動の機会を公的に保障することが今まで以上に重要となってくるのであり、それゆえ福祉行政に加え、教育行政、とりわけ社会教育行政の役割が重要となるのである。

(3) 教育福祉の視点から見た学習権保障の課題

　教育行政の役割を考える前提として、学習権保障の課題があるわけであるが、教育福祉の視点からあらためて学習権保障とは何かが問われてくる

だろう。それは、先の小川の問題提起に沿って見れば、教育と福祉との両面から学習権の内実を明らかにしていくという課題であり、高橋政教は、それを社会的に困難を抱える人々の学習する権利の保障の課題として問うことを意味すること、そしてそれは「学校でいえば就学権と修学権の保障の問題」であり、同時に「その社会のすべての構成員の学習権・教育権保障の問題につながっていること」を強調している点は重要である。

このような学習権保障の重要性は、周知のように世界人権宣言を起点として、その後の国際的な人権に関する規約や条約等の中でくり返し確認されてきており、そしてそれは「学習権は、人間の生存にとって不可欠な手段である」と喝破した1985年のユネスコ国際成人教育会議で採択された「学習権宣言」に集約されている。

日本においてこの学習権の根拠となっているのは、いうまでもなく日本国憲法の条文である。「すべて国民は、法律の定めるところにより、その能力に応じて、ひとしく教育を受ける権利を有する」という憲法第26条に明記されている教育を受ける権利は、教育が個人の精神的自由を保障することによって社会の中で尊厳をもって生活できるという意味において自由権であり、同時にその教育を受けることが社会的に保障されるという意味で社会権である。

しかも教育は、「人権中の人権、その他の人権を内実あらしめるための人権」(堀尾輝久)といわれるように、人権の基盤をなしている。そのことを憲法の条文に沿って見ると、佐藤功が指摘しているように「『教育を受ける権利』が保障されていることによって、人間に値する生存の基礎条件が保障される」という意味で「憲法25条の生存権の保障における文化的側面をもつ」ものであり、その教育には、「『教育を受ける権利』については年齢上の制限はない。」というように、当然社会教育も含まれている。

ここで佐藤の主張を論拠としている理由は、これが2003年2月の衆議院憲法調査会基本的人権の保障に関する調査小委員会で「教育を受ける権

利」をテーマとした参考人質疑および委員間の自由討議を行うために作成された「教育を受ける権利に関する基礎的資料」の中に掲載されているからである。その点で、上述の立論から憲法解釈の基本的見解を読みとることができるわけであるが、教育の権利が「生存権の保障における文化的側面」をもつとすれば、ここでいう生存権とは何を意味するのか。

　生存権の根拠となっている憲法第25条には、「すべて国民は、健康で文化的な最低限度の生活を営む権利を有する」と規定されている。これが、日本の社会保障のあり方の根幹を示す理念であり、人々が生活していく上で必要な様々な施策や制度を国家・行政に対し請求することができる権利であるとされるわけであるが、同時にこの権利は、幸福追求権といわれる憲法第13条の規定と連動している。すなわち、個人が尊厳をもって自由に、しかも幸福を追求できる生き方が保障されるべきであり、そしてそうした権利を支える上で教育が不可欠となるがゆえに、教育は文化的生存権としての役割、つまり「生存権の保障における文化的側面」を担っているということである。

　文化的生存権としての教育が平等に保障されるべき権利であることは、同じく憲法第14条に「すべて国民は、法の下に平等であって、人種、信条、性別、社会的身分又は門地により、政治的、経済的又は社会的関係において差別されない」と明確に示されており、これがいわゆる教育の機会均等の原則を支えている。

　そのことについて憲法学者の永井憲一は、憲法が教育を受ける権利の規定を設けているのは、「健康で文化的な生活を営む」ため「生存の基本条件を平等に確保せしめることにある」[16]がゆえに、「生まれた家庭の貧富の差により、子どもの教育をうける権利が差別されるということなど、憲法14条とのかかわりから考えても、国民に"教育をうける権利"を保障しようとする憲法規定（制度）の正しい解釈（運用）ではない」[17]と論断した上で、教育を受ける権利が教育機会の平等の保障と一体的な関係であること

を強調しながら、教育と福祉のつながりの重要性を次のように述べている。すなわち、「子どもの教育費と親の生活ないし、すべての国民の自己教育費と生活、つまり、国民の教育と労働・生存にかかわる福祉との統一的理解ないし認識から出発し、教育と福祉の統一的保障の要求形成にむけられてすすめられることが急務とされる」と。[18]

　ここでいう「教育と福祉の統一的保障」をどう進めていくのか。その点であらためて教育基本法の条文に着目したい。憲法第26条の条文を受けて教育基本法第4条に次のように銘記されているからである。「すべて国民は、ひとしく、その能力に応じた教育を受ける機会を与えられなければならず、人種、信条、性別、社会的身分、経済的地位又は門地によって、教育上差別されない。」ここで、先の憲法第14条にはなかった「経済的地位」が付け加えられていることは重要である。その点について、先の「教育を受ける権利に関する基礎的資料」では、「教育を受ける権利の生存権的な性質を重視し、国民が経済的事情のために現実に教育を受ける機会をもちえないことのないよう、国が積極的に措置を講ずる責務を有することを示したものである」と述べている。[19]

　その意味で、憲法第26条および教育基本法は、憲法第14条の平等権をまさに文化的生存権の側面からさらに発展させた内容になっていると理解することができるだろう。このことはつまり、憲法第26条の教育を受ける権利と同25条の文化的生存権との連続性、相互性を、あらためて現実の法の理念と実践の内実にそって明らかにしていくことを意味している。その点について、以下、具体的に見ていくことにしたい。

（4）法的に見た福祉と教育とのつながり

　まず法的に見るとどうか。教育の分野においては、学校教育法第19条（義務教育）で「経済的理由によって、就学困難と認められる学齢児童又は学齢生徒の保護者に対しては、市町村は、必要な援助を与えなければな

らない」と述べられているが、これは前述した教育基本法にある教育の機会均等の原則にもとづくものであり、そのためには当然福祉的なサポートが不可欠となる。そしてそのことは、何よりも学ぶ上で大きなハンディキャップをもっている障害をもつ児童・生徒に対して、同第80条で「都道府県は、その区域内にある学齢児童及び学齢生徒のうち、視覚障害者、聴覚障害者、知的障害者、肢体不自由者又は病弱者で、その障害が第75条の政令で定める程度のものを就学させるに必要な特別支援学校を設置しなければならない」と特別支援学校の設置を義務づけていることにあらわれている。

　ただこの条文に関しては、歴史的には現在の特別支援学校の前身である養護学校の設置によって障害をもつ子どもともたない子どもとの分離教育が進められ、結果として、多くの障害をもつ子どもが普通学校から排除されてきたことの問題についての留意が必要である。それに対し、障害者基本法の教育に関する条項では、後述のように障害をもつ子どもともたない子どもとが共に教育を受けられるよう配慮することや交流と共同学習を積極的に進めることを規定しており、そうした点で学校教育法第80条と障害者基本法は相互に補う関係にあるととらえることができるのである。

　また生涯学習支援にあたる国と都道府県の役割について、生涯学習の振興のための施策の推進体制等の整備に関する法律（略称生涯学習振興整備法）の第2条では、「この法律に規定する生涯学習の振興のための施策を実施するに当たっては、（中略）職業能力の開発及び向上、社会福祉等に関し生涯学習に資するための別に講じられる施策と相まって、効果的にこれを行うよう努めるものとする」と規定している。

　さらに主要な社会教育施設のひとつである公民館の設置目的についても、社会教育法第20条で「公民館は、市町村その他一定区域内の住民のために、実際生活に即する教育、学術及び文化に関する各種の事業を行い、もつて住民の教養の向上、健康の増進、情操の純化を図り、生活文化の振興、社

会福祉の増進に寄与することを目的とする」として、社会福祉の増進が明確に謳われているのである。次章で紹介される障害をもつ人が働く喫茶コーナーの嚆矢である国立市公民館での取り組みは、この社会教育法の条文が法的な根拠となって実現したといわれている。

　一方、福祉の分野においては、例えば児童福祉法では、先の児童館の規定のほかにも、特に子どもの健全育成を推進するため第21条の10で「市町村は、児童の健全な育成に資するため、地域の実情に応じた放課後児童健全育成事業を行うとともに、当該市町村以外の放課後児童健全育成事業を行う者との連携を図る等により、(中略)児童の放課後児童健全育成事業の利用の促進に努めなければならない」として、放課後の学習文化支援を求めているのである。

　また老人福祉法第3条では、法の基本的理念として「1　老人は、老齢に伴って生ずる心身の変化を自覚して、常に心身の健康を保持し、又は、その知識と経験を活用して、社会的活動に参加するように努めるものとする。2　老人は、その希望と能力とに応じ、適当な仕事に従事する機会その他社会的活動に参加する機会を与えられるものとする」とある。こうした健康の保持や社会参加を実現していく上で、学習文化の保障がその前提となることはいうまでもない。あわせて高齢社会対策基本法では、学習および社会参加の項目として第11条に「国は、国民が生きがいを持って豊かな生活を営むことができるようにするため、生涯学習の機会を確保するよう必要な施策を講ずるものとする。」と明記されているのである。

　さらに障害者基本法では、第3条において地域社会における共生にむけ「全て障害者は、社会を構成する一員として社会、経済、文化その他あらゆる分野の活動に参加する機会が確保されること」が掲げられ、前述のように第16条では、「国及び地方公共団体は、障害者が、その年齢及び能力に応じ、かつ、その特性を踏まえた十分な教育が受けられるようにするため、可能な限り障害者である児童及び生徒が障害者でない児童及び生徒

と共に教育を受けられるよう配慮しつつ、教育の内容及び方法の改善及び充実を図る等必要な施策を講じなければならない」として、以下「障害者である児童及び生徒と障害者でない児童及び生徒との交流及び共同学習を積極的に進めることによって、その相互理解を促進しなければならない」、「障害者の教育に関し、調査及び研究並びに人材の確保及び資質の向上、適切な教材等の提供、学校施設の整備その他の環境の整備を促進しなければならない」など、具体的取り組みについて言及している。それに加え同第25条では、「国及び地方公共団体は、障害者が円滑に文化芸術活動、スポーツ又はレクリエーションを行うことができるようにするため、施設、設備その他の諸条件の整備、文化芸術、スポーツ等に関する活動の助成その他必要な施策を講じなければならない」として、文化的諸条件の整備等の役割が規定されているのである。

このように教育と福祉の分野における関係法をざっと概観しただけでも、両者が相互につながっていることが見てとれるだろう。

(5) 福祉と教育の相互性を求めて

続いて実践の分野ではどうか。例えば、児童自立支援の取り組みからは、不登校や非行、児童虐待や家庭の崩壊・貧困などの問題に対して福祉的なサポートと教育的なサポートの両面が求められており、実際の現場ではそれが判然一体となって機能している状況がうかがえる。また一見すると、就労や自立支援といった福祉的な取り組みのように見える障害をもつ人が働く喫茶コーナーの実践においても、そこには多様な学習文化的機能が内包されており、この実践を通して障害当事者の知的・社会的な成長発達が促されてきている様子を見てとることができるし、またそれを意識的に追求しているケースも少なくない。さらに高齢者のデイサービスやデイケアなどの福祉サービスにおいても、学習文化的機能が不可欠であり、いわゆる生涯発達の視点に立った教育的なサポートの重要性が指摘されている。

同時に注目したいのが、リハビリや社会復帰といった医療・福祉の課題に社会教育的な視点と方法を活用した取り組みであり、その先駆的な実践として埼玉県所沢市の「リハビリ交流会」をあげることができる。リハビリ交流会とは、主に脳卒中などの後遺症（麻痺や失語症など）や病気等で自宅療養している市民を対象に地域で交流していくことを目的として始められたものであり、市内4カ所の公民館（現在はまちづくりセンターに改称）を会場にして行われている。市のホームページには、「月に1回、ご本人、ご家族、地域のボランティアさんと職員が集い、お茶を飲みながら、日頃の思いを語り合ったり、レクリエーションをして、心と体をリフレッシュします。『一緒にいるだけで元気になれることがある！』そんな会のメンバーに、みなさまのご参加をお待ちしています」と紹介されている。
　特にこのような中途障害を抱えた市民は、自宅に閉じ込もりがちになり、社会とのつながりが途切れることが問題となるわけであるが、しかしながら一方で、いわゆる病院等での機能回復訓練や社会復帰をめざすリハビリになじめないという問題を抱えることになる。このようなところに通うのは、自分が障害当事者であることを自ら認めることになるからである。そのことでますます閉じこもってしまうという悪循環をいかに断ち切るか、という観点から保健師が社会教育施設である公民館に着目し、その機能を活かした市民の交流の場をつくり、それを通して社会的なつながりと地域での交流を進めていくことが可能になるのではないかという問題意識から、公民館職員と連携しながら取り組みが進められてくるのである[20]。
　そこでは、障害の受容が大きな課題となるわけであるが、人生半ばにして障害というハンディキャップを負うことが大きな精神的ショックとなることは容易に想像できるだろう。その課題に、個別の理学療法的な機能回復訓練ではなく、集団の力、つまり同じ障害をもつ人との出会いと交流を通して相互に学びあう社会教育的な方法によって向かいあうという点がこの取り組みのポイントとなっており、保健師の山本昌代は、それを「自己

教育の場」と表現している。そうした学びによって、「動かない手足にこだわって生きるより、動かない手足と共にいかに楽しい人生を創り直していくか」というように考え方を変えていく様子を、メンバー自身が「心的なリハビリ」と表現している点は示唆的である。

　また山本は、参加者が客体から主体的な関わりへと自己変革していく様子から、交流会が「自己表現力の再生の場」として機能している点を強調して次のように述べている。「楽しいことをたくさん経験して、自分の可能性を発見し、もっと学びたいという意欲を引き出すことができたなら、初めてそこから新しい主体的な生き方を探っていくことができるのではないかということを確認し合った。そして今、楽しいことをたくさん経験してきた結果、今度はやりたいことが多様化しすぎて、交流会では物足りなくなったメンバーは、他にサークルをつくったり、公民館サークルに参加したりして、自分なりに地域との新しいつき合い方を創っている」

　このことは地域との新たな関係をつくっていくことを意味している。つまり、こうしたメンバーと地域の人々とのつながりを相互の学びあいを通してつくり出していくということであり、交流会ではそのことを意識してメンバーの話をじっくり聞く茶話会を行っているという。そこでは、メンバー自身が経験してきた苦悩や絶望が語られ、交流会での仲間との出会いとそれによって支えられてきた現在の自分が語られる。そこから日常の生活や仕事、バリアフリーの問題などが具体的事実として示されることにより、多くのことがあらためて考える素材として提起されるのである。

　それは、また障害をどのように受けとめるかという課題としても意識され、例えば失語症の人とどうすればコミュニケーションをとることができるのか、その人たちの思いをどのようにすれば聞くことができるのか、その知恵の出し合いの場、すなわち相互の学習の場として交流会が機能することを意味しているのである。

　このように教育と福祉の機能が相互につながり、補い合う中で人々の生

活の質を豊かにしていくことが求められているのである。そうした課題に対応した取り組み等について、以下の章で具体的に見ていくことにしたい。

<注>
（1）小川利夫『教育福祉の基本問題』勁草書房、1985年、p.30
（2）同上、p.36-37
（3）高校全入運動について詳しくは、高校全員入学問題全国協議会編『戦後民主主義教育の思想と行動』青木書店、1971年、などを参照。
（4）厚生労働省は、2011年11月時点の全国の生活保護受給者が207万9761人となり、5カ月連続で過去最多を更新したこと、あわせて受給世帯も150万7940世帯で過去最多を更新したことを発表した。（「毎日新聞」2012年2月7日）受給者数がこれまで最も多かったのは、戦後間もない1951年度の204万6646人。経済成長とともに徐々に減少していき、95年度には88万2229人と最低を記録したが、その後、受給者数は増加に転じ、2008年のリーマン・ショックを引き金に急増した。この間の不況と高齢化に加え、東日本大震災の被災地で延長されていた失業手当が2012年1月から切れ始めていることもあり、増加傾向が続くと見られていたが、その予想通り、2012年の1月には生活保護受給者は約209万人に増えている。生活保護の申請理由も、失業や事業の倒産、収入の減少などが増えており、それがいわゆる働き盛りといわれる年代の受給者数を増やしているといわれている。
（5）このことについて、例えば藤本典裕・制度研編『学校から見える子どもの貧困』大月書店、2009年、などを参照。
（6）神田嘉延・岩橋法雄・玉井康之・朝岡幸彦『教育と福祉』高文堂出版社、1994年、p.31-44、および日本学校ソーシャルワーク学会編『学校ソーシャルワーカー養成テキスト』中央法規出版、2008年、p.300-305
（7）生田周二・大串隆吉・吉岡真佐樹『青少年育成・援助と教育』有信堂、2011年、p.148
（8）松田武雄「現代社会教育の可能性」、『月刊社会教育』2005年4月号、p.4
（9）小川前掲書、p.52
（10）小川利夫・高橋正教編著『教育福祉論入門』光生館、2001年、p.3
（11）同上、p.13
（12）こうした児童館の具体的な実践については、児童館・学童保育21世紀委員

会編『21世紀の児童館・学童保育』（Ⅰ）〜（Ⅴ）、萌文社、などを参照。
(13) 前掲『教育福祉論入門』、p.229
(14) 佐藤功・他『憲法（上）〔新版〕』、有斐閣、2001年、p.444-445
(15) 「ここにいう『教育』は、学校教育に限られず、社会教育をも含む。したがって、『教育を受ける権利』については年齢上の制限はない。」（同上、p.446-447）
(16) 小川利夫・永井憲一・平原春好編『教育と福祉の権利』勁草書房、1972年、p.50
(17) 同上、p.51
(18) 同上、p.54-55
(19) 前掲『憲法（上）〔新版〕』、p.445-446
(20) このリハビリ交流会に当初から関わった辻浩は、そこでの取り組みの特徴について次のように述べている。「従来は、通所リハビリテーションのA型（基本型）までしかなかったものを、B型（地域参加型）まで用意し、その目的を『新たな生活づくりや人間関係づくり』『生きる意欲を引き出すという生活の再建』としたところに、この事業の大きな特徴がある。」（辻浩『住民参加型福祉と生涯学習』ミネルヴァ書房、2003年、p.156）
(21) 山本昌江「地域の関係をつくる学び『リハビリ交流会』」、『月刊社会教育』2002年8月号、p.34
(22) 同上、p.35

第1章　障害をもつ人の生活と学びを支える

小林　繁

　1981年の国際障害者年は、障害をもつ人の社会参加を拒むあらゆる障壁（バリア）を取り除くことを呼びかけ、同時にそれによって障害をもつ人ももたない人と同じように生活と仕事をし、また文化的活動へも参加していくというノーマライゼーションの考え方を日本で普及させていく上で大きな役割を果たした。その後、障害者基本法の成立を受け、欠格条項の見直しによる差別是正の取り組み(1)や障害者雇用促進法に基づく雇用制度の改善など障害をもつ人の社会参加を推進する施策が実施されてくるとともに、障害をもつ人が自ら社会参加と自立を目指す運動を展開するようになるのである。

　しかしながら、その後のいわゆる社会福祉基礎構造改革(2)の動きは、社会福祉の市場化の流れを加速し、2005年の「障害者自立支援法」につながっていく。この法律は、障害をもつ人が地域で暮らせる社会を構築するため、就労支援の強化や地域移行の推進を図ることを目指すとして、2006年10月から全面的に施行されている。すなわちそこにおいては、従来、国によって身体障害、知的障害、精神障害という障害種別ごとに提供されていた福祉サービスを一元的に市町村が提供する仕組みに変えるとともに、「応益負担」の名のもとに利用者負担の見直しを行う、つまり自己負担を原則とするということから、多くの障害者団体や関係者から疑問や問題点が出されているのである。

　こうした障害者福祉施策をめぐる問題は、制度的な保障とあわせてノー

マライゼーションと障害をもつ人の自立を支える取り組みの課題、つまり自らの意思と創意によって地域での暮らしをデザインしていく力量を身につけていく課題を提起しているといえる。そしてそのためには、学習文化の保障が必然的に求められてくるのである。

　障害をもつ人の学習文化活動の取り組みについては、①学校卒業後の学習文化・余暇活動の要望に応える形で学習機会の提供の取り組みが、社会教育行政だけではなく、特別支援学校、作業所、大学、NPOなども含め様々なところで持続的に行われ、②その中でも障害者青年学級（教室）から自主グループ化への移行などの取り組みも広がってきていること、③大学などが開いている、主に知的障害をもつ人を対象とした公開講座（オープンカレッジ）も着実に進められてきていること、さらに④障害をもつ人が主役となって働く喫茶コーナーの中でも、精神障害当事者を中心とした取り組みが増えてきており、就労支援だけではない、社会復帰にむけたリハビリや障害の理解、地域の居場所や交流の場として重要な役割を担っていること、などがあげられる。

第1節　この間の福祉施策をめぐる動向

（1）障害者基本法の成立と改正

　先の国際障害者年とその後の障害者の10年の取り組みの中で、ノーマライゼーションの普及をめざす取り組みが進められていく。とりわけ1990年のいわゆる「福祉八法」といわれる主要な福祉関係の法律が一斉に改正される中で、従来の施設中心主義から在宅重視への転換を推進することで福祉サービスの基本的な流れがつくられていくのである。

　そして1993年に成立した障害者基本法によって、障害者基礎年金の創設および障害者基本計画の策定が盛り込まれる。この基本計画では、国際障害者年で掲げられた「完全参加と平等」、つまり「すべての人の参加によ

るすべての人のための平等な社会づくり」の実現にむけ、移動等の物理的障壁（バリア）、資格等の制度的障壁、文化と情報面での障壁そして差別や偏見による意識上の障壁という「四つの障壁」を除去することが提起されている。それはつまり、在宅を基本としながらできるだけ普通の生活形態を維持していくことが、本来の障害者福祉のあり方であるという理解にもとづくものである。

　また1995年には、この障害者基本計画の具体化のため数値目標を盛り込んだ「障害者プラン（ノーマライゼーション7カ年戦略）」が発表され、「地域で共に生活するために」「社会的自立を促進するために」「バリアフリー化を推進するために」「生活の質（QOL）の向上」「心のバリアを取り除く」取り組み等の必要性が打ち出されている。それを受けて、この間作業所などの働く場の確保とあわせて障害をもつ人の地域での生活を具体的に援助する生活支援センターの設置が進められ、これが生活上の様々な問題や就労、職場でのトラブルへの迅速な対応などといった点で大きな役割を果たしてきている。

　さらに2004年の障害者基本法の改正によって、努力義務であった自治体の障害者計画策定の義務づけとそれまでは明文化されていなかった差別の禁止が第4条に盛り込まれたものの、具体的な罰則規定がないなど差別防止の実行措置を講ずるという点では課題が残された。同時に障害の定義においても、身体、知的、精神以外の障害を含めたより包括的なとらえ方など、障害者関係団体から出されていた要望については付帯決議で「これらの者に対する施策をきめ細かく推進するよう努めること」とされるにとどまった。

　そうした点で、2011年の障害者基本法改正は注目される。すなわち、そこでは障害者の基本的人権を明記し、その理念にもとづいて「障害の有無によって分け隔てられることなく、相互に人格と個性を尊重し合いながら共生する社会」の実現を掲げており、「障害」のとらえかたについても、

社会参加を阻む社会状況（社会的障壁）によって障害が生み出されることを明記しているからである。さらに差別禁止についても、旧法では「障害を理由とした差別の禁止」を定めたにとどまったのに対し、後述のような障害者の権利条約の内容に沿うように社会的障壁の除去にあたって「必要かつ合理的な配慮がなされなければならない」との文言が入った点も、評価される。

しかしながらその一方で、障害をもつ人が、障害をもたない人と「等しく基本的人権を享有する」としながらも、「どこで誰と生活するか」という居住の自由、意思疎通や手話の使用などコミュニケーションの手段などの自由な選択の保障に「可能な限り」という文言、そして医療・介護を身近で受けることなどについても同様の文言が挿入されることで、限定的な内容となっている点は大きな問題であるといわざるをえない。この問題については、多くの障害者関係の団体から指摘されていることからもうかがうことができる。

（2）自立とコミュニケーションを支える学習・文化保障の課題

その意味で、あらためて障害をもつ人の権利保障に関わる国際的な取り組みの意義を強調しなければならない。とりわけ2006年12月の第61回国連総会本会議において採択された障害者の権利条約は、障害者の権利宣言を受け、さらに加盟国に対して法的対応を求めることによって、障害をもつ人の生活、就労、教育・文化などあらゆる分野における差別の禁止と平等な権利保障および完全な社会参加の実現を目的としている。すなわち、その第2条において「障害に基づく差別」とは、「障害に基づくあらゆる区別、排除又は制限」を指すものであると同時に、平等にすべての人権を行使し、基本的自由を享有する上で必要かつ適切な変更や調整を意味するとされる合理的配慮を行わない場合も差別に該当すると明確に規定しているからである。

前述したような障害者福祉施策をめぐる問題は、生活と就労に関わる制度的な保障とあわせてノーマライゼーションと障害をもつ人の自立を支える取り組みの課題、つまりかつてのように行政機関によって「措置」される客体的存在としてではなく、まさに契約の主体者として支援費制度等を利用しながら自らの意思と創意によって地域での生活をデザインしていく力量を身につけていく課題を提起しているといえるだろう。そしてそれは、障害をもつ人の社会参加を支えるコミュニケーションの力とそのための学習文化活動を必然的に要請する。障害をもつ人が地域で豊かに生活していくための生活の質（QOL）を向上させるには、地域での生活や就労と並んで学習文化の充実が不可欠となるからである。

　それでは、こうした学習文化支援の実際の取り組み状況はどうか。残念ながら、この分野での取り組みは相対的に遅れているのが実情であり、筆者らの調査でも、特に知的障害の場合には休日等に友達と遊びに出かけたり、地域での学習・文化活動に参加するなどの例はほとんどないことが示されていた。また仕事や学校等を終えてからの自由時間の過ごし方でも「まっすぐ家に帰る」が多く、そこから家の中でテレビなどを見ながら一人で過ごす状況がうかがえる。そのことは、例えば次のような自由記述からも読みとることができるだろう。「休みの日はテレビを見たり、時々親と買物に行く程度です。いろんな活動に参加したいと思いますが、どういうふうに参加したらいいのか全く情報がない。重度の障害を持った人たちでも参加できるようなスポーツや音楽などの活動の場があればいいと思います」。これは、宮崎県の通所施設に通う当時38歳の障害をもつ男性の親からのものであるが、調査では、地域を問わず同じような内容の記述が多く見られた。

　さらに現在の自立支援法のもとで、従来施設活動の一環として行われていた文化的活動等の時間が削減されるなど、相対的に文化面でのサービスが減少している中にあって、いわゆる生涯学習の視点から障害をもつ人の

学習をどう支援していくのかが問われてくるのである。

(3) 学習文化支援の現状

そうした中で、実際に全国の社会教育行政では障害をもつ人への学習文化事業がどの程度行われているのか。それについて、同じく筆者が行った調査結果(5)から見てみたい。この調査は、2005年末段階で全国の人口2000人以上の市（特別区を含む）町村自治体を対象に、教育委員会の社会教育・生涯学習関係部局での障害をもつ人に対応した学習・文化事業の実施の有無についてアンケート方式で尋ねたものである。

回答のあった1119自治体（回答率50%弱）の中で、障害をもつ人が参加できるよう配慮をしている事業を実施していると回答した自治体数は、全体の30%余という状況である。しかもこうした事業を実施している自治体でも、その多くがイベントや講演会等での車椅子や手話通訳などの対応であり、障害者スポーツ教室や後述する青年学級（教室）などのように、障害をもつ人を対象とした学習文化事業および対面朗読のような図書館サービスの事業を実施しているところは13%弱とその割合はさらに低くなる。

障害をもつ人の生涯学習を支援していく取り組みとしては、教育行政以外にも福祉行政や福祉関係施設・機関、民間団体、学校など様々な分野での取り組みがあげられ、例えば、社会福祉協議会や障害者関係団体、障害者福祉センター、福祉作業所や小規模作業所、特別支援（旧養護）学校や大学、NPOやボランティア団体などでは、障害をもつ人を対象とした学習文化、スポーツ・レクリエーション関係の活動が行われている。同じ調査で、事業を実施していない理由として福祉関係の分野だからという回答が少なからず見られたが、その背景にはこうした状況があることが考えられる。

それに対して、事業を実施している自治体では、実施している理由として多くが障害をもつ人の生涯学習の機会の提供をあげていた。このことは、

教育行政が学習文化の保障という責務と役割を自覚していることを示しており、その意味で、あらためて学習権保障の役割を中核的に担うのは教育行政であるという視点を基礎に据えることが求められるのではないか。そしてその基礎に立って可能な学習文化支援のあり方、例えば主催だけではなく関係機関・団体等との連携・協力などの方法を模索していくことが必要であると考える。

　従来、障害をもつ人の学習文化活動のあり方を考える時、福祉的視点が前提とされ、学習へのアクセスや条件整備として福祉的サポートが必要とされる場合も多いわけであるが、しかしながらそれが障害をもつ人の能力や可能性を引き出していく教育的働きかけまで全て網羅するものではない。また一見すると、福祉的な取り組みのように見える喫茶コーナーにおいても、そこには学習の機能が内包されており、それを意識的に追求しているケースも少なくない。そうした点で障害をもつ人の学習支援は、福祉サービスと密接につながりながらも、同時に教育的な支援が求められることから、いわゆる生涯学習の視点にもとづいて障害をもつ人の学習文化活動をどう支援していくのかが問われるのである。

　このことをふまえ、以下、注目すべき実践について見ていきたい。

第2節　障害をもつ人への学習支援の取り組みと課題

（1）障害者青年学級の成立と発展

　障害をもつ人に対する学習文化支援を目的とした学級・講座やスポーツ・レクリエーション教室等の開催、グループ・サークル活動を支援する取り組みの代表的なものが、一般に障害者（青年）学級と総称される事業である。その形態は様々であり、活動の中味も多様であるが、主として市町村自治体の社会教育行政が実施している事業のほかに、特別支援学校などが卒業生のいわゆる同窓会活動の一環として行っていたり、福祉施設や

作業所等、さらには民間有志や親の会などが行っている活動などがあげられる。

　特殊教育総合研究所が2003年に行った調査によると、こうした学級が全国で316あり、そのうちの特別支援学校や特別支援学級等が運営主体となっているところは86と最も多く、次いで教育行政関係が64、同窓会および保護者などが中心となって運営されているところが55、育成会や福祉関係団体・施設等が53、有志の団体等30、福祉行政関係が4、その他の法人（NPOも含む）が4などとなっていた。

　障害者（青年）学級は、東京都墨田区内の中学校の「特殊学級」を卒業した知的障害をもつ青年たちの同窓会を定期的に行っていた教員と保護者が、社会に出ていった卒業生を非行から守り、継続して仕事などができるよう学習や余暇活動を保障する機会と卒業後も安心して集まれる場を求めて青年学級の開設を区の教育委員会に要望し、その結果、1964年に「すみだ教室」が開設されたのが始まりである。

　なお、これらの学級での主な活動としては、日常生活に必要な基礎学習、料理、音楽や絵画等の自己表現活動、見学やスポーツ・レクリエーションなどがあげられるが、近年では、コース別のプログラムを提供するなど、一人ひとりの障害の程度や要求に合わせた対応もされてきている。

　このように障害者（青年）学級の取り組みは、特に学校を修了した障害をもつ人の学習文化活動を提供しているという点で大きな役割を果たしているわけであるが、その多くが人的および物的条件に左右されたり、また個人的な努力に任されたりしている中にあって、学習権の公的保障の観点から教育行政が社会教育事業として実施している障害者（青年）学級は重要な役割を担っている。会場や設備そして担当職員やスタッフなど活動に必要な基本的条件が整備されているからである。しかしながら、全国の取り組みの状況を見ると、首都圏のほかに名古屋、大阪、京都、兵庫など一部に限られているのが現状である。

その中でも、東京都の特別区とほとんどの市では障害者（青年）学級が社会教育事業として実施されており、墨田区をはじめとして40年以上経過してきているところも少なくない。また三多摩地域では、町田市や国立市などを先駆に社会教育施設である公民館等を中心にしながら地域とつながった多面的な性格と機能を活かした活動を展開している点が特筆される。そのほかに、埼玉県でも11市町村において、また神奈川県川崎市では全ての市民館（公民館に相当する社会教育施設）でこのような学級が開催されている。一方、名古屋市のように行政からの委託という形態で障害者青年学級が組織され、親の会や福祉施設・団体のほかにも大学生や社会人など有志のグループが委託を受けて青年学級を運営しているという例も見られる。

　ただ、こうした学級では現在様々な問題を抱えているところも多い。その中でも、とりわけ高齢化と障害の重度化および重複化といった参加するメンバーの属性に関わる問題、学級生の増加などによって個々人のニーズや障害の種類と程度などに対応したきめ細かいプログラムなどが組めず、活動がマンネリ化してきているといった問題、さらに活動を支える社会教育行政における運営体制の問題、つまり専門職員の配置と必要な予算の確保といった事業の展開に欠かせない条件が後退してきているといった問題などがあげられる。そのような点で、学習権の公的保障の原則に立って社会教育行政がその役割を果たしていくことを基本にしながら、改善策をどう具体化していくかが問われてきているのである。

(2) 本人参加からサークル活動へ

　こうした青年学級の取り組みとそこでの課題は、障害をもつ当事者による主体的運営の可能性を浮かび上がらせることになる。プログラムづくりから当日の運営まで全て職員とスタッフで行うという形態ではなく、学級生もプログラムづくりや実際の運営に直接関わることによって、責任の自覚も含めた社会的自立を促していくという課題が意識されるようになって

くるからである。

　そのような取り組みの注目すべき事例として、例えば、学級生の代表で構成される班長会において事業の内容や運営についてメンバーの要望や意見が反映されるよう話し合いが行われることで、メンバーの自治活動を発展させてきた東京都町田市の青年学級や青年学級への参加の期限を前もって決め、その後は自主学級への移行そしてさらに自主グループ化へ、という一連の流れとプログラムを想定した学級運営を追求してきている品川区の取り組みなどをあげることができる。特に品川区では、自主グループ化へ移行した当初は親たちがその活動を支えていたが、近年のボランティア等によるサポートが実現することによってサークル活動としての発展を見てきている。

　また、1974年に開設した町田市の青年学級（障がい者青年学級）は、開設当初20名余であったが、その後飛躍的に学級生が増えて１つの学級では対応できないため、３つの学級に分かれて活動が展開されてきている中で、米国から生まれたピープルファーストの活動（主として知的障害をもつ人の当事者運動）やさくら会（手をつなぐ育成会の本人活動の会）への参加などを通して自主的なグループ活動への機運が生まれ、それが2004年の「とびたつ会」の誕生へとつながっていくのである[7]。

　ここでは、会費制を原則にしながらコンサートの企画やイベント、映画の上映会や講演会などへの参加、学習会など様々な活動が展開されている。特に1988年から開催されてきている「若葉とそよ風のハーモニーコンサート」の呼びかけと企画会議の運営などにおいては中心的な役割を担っており、これまで青年学級の活動で積み上げてきた思いや夢を詩や音楽に託して表現する取り組みを、公民館の協力を得ながら実施している。また学習会も生活に関わる課題だけでなく、憲法と平和問題などをテーマとして積極的に取り組まれている点も特筆される。その際に問われるのは、支援態勢の問題であり、現在、公民館の青年学級担当職員も含めて、「本人活動

を支援する会」をつくり、その活動の発展を展望しているという。
　一方、長年参加してきた障害者青年学級のメンバーが自主グループを立ち上げ、その活動をさらにNPO法人をつくって支援していくという試みも生まれてきている。それが、西東京市の「ぐるーぷ・もみじ」の活動であり、それを支えるNPO法人Pippiの取り組みである。「ぐるーぷ・もみじ」の主な活動としては、地域での自立にむけての話し合い、料理づくりと食事会、水泳や手芸、スポーツ大会への参加などである。そしてそうした活動の資金を調達するため、市からの委託を受け市内公園清掃などを行ったり、毎年開催される社会教育研究全国集会に参加してコーヒーサービスや物品販売および分科会（「障害者の生涯にわたる学習保障」）での報告や討論を通しての交流と情報交換も行ってきている。
　またPippiは、障害をもつ人の学習文化活動と生活を支援していく目的でつくられ、2006年にNPO法人を取得している。そこでは、先の「ぐるーぷ・もみじ」の活動を支援するとともに、障害をもつ人のレクリエーション事業（宿泊体験学習、ハイキング、見学会など）、ボウリングや室内運動などのスポーツおよび水泳事業、移動や日中一時サポートなどの地域生活支援事業、グループホームによる共同生活援護事業などを行ってきている。こうしたNPOという形で、障害をもつ人の自主的な活動を支援していくという方向も、今後の取り組みを発展させていく上でひとつの選択肢となることが示されているという点で注目されるだろう。

(3) 講座等の取り組み

　上記の取り組みに加え、特定のテーマや内容にもとづいて継続的に学習機会を提供する、一般に講座といわれる事業も注目される。先に紹介した特殊教育総合研究所での調査でも、事業内容の多い項目として「余暇的・行事的な活動」「文化・芸術的な活動」「スポーツ・運動的な活動」などがあげられている。その対象別の内訳を見ると、多くが主に知的障害をもつ

人を対象とした講座であるが、その一方で、一般の市民を対象とした講座の中で特に学校と行政が主催する事業も散見され、そこに障害をもつ人が参加している様子をうかがうことができる。

　社会教育施設の取り組みについてはどうか。例えば大阪府貝塚市の公民館では、子育て支援や人権、国際交流、教育、環境、福祉、介護などの現代的課題に対応した講座に加え、障害をもつ人を対象とした事業にも取り組んでいる。ふれあい障害者料理講座は3つの公民館で行われており、そこでは、料理を通しての障害をもつ人ともたない人との自然な交流がめざされているという。また中央公民館では、毎週土曜日にものづくり講座として陶芸を主としたプログラムが実施されており、知的障害をもつ人が参加している。同じく中央公民館では、視覚障害をもつ人を対象とした講座も主催事業として実施されており、時事問題を中心とした学習プログラムが提供されている。

　さらに浜手地区公民館では、「DODO講座」と題した、主に身体障害をもつ人の取り組みが行われている。ここでは、障害をもつ人がその時々の問題関心にそって主体的にプログラム等をつくって活動しており、車椅子の若者3人を含め5人のグループで構成されている。10年ほど前から始められた取り組みで、公民館職員は主としてサポート役として関わっているという。毎月1回の割合で開かれ、公民館を拠点としながらも地元の青年団との交流や問題となっている自立支援法の学習など、積極的な活動を展開している。こうした自主グループ的な活動は、障害をもつ人が地域で学習・文化活動に積極的に関わっていく上で有効であり、社会教育がそうした支援をどのように行っていくかを考える際の示唆的な事例であるということができる[8]。

　ところで、海外でのこうした障害をもつ人の学習文化支援の取り組みについて、以前筆者が調査で訪れたデンマークでの経験を紹介してみたい。よく知られているように、デンマークは福祉の先進国であるとともに、

ノーマライゼーションの考え方をいち早く提起した国としても知られているが、そのような中で、文化活動や余暇の充実のための取り組みが展開されてきている。こうした文化活動を提供する取り組みのひとつが余暇クラブ（LAVUK）である。主に障害をもつ青年たちにとって、生活と就労に加え学校後の文化活動が重要な意味をもってくるわけであるが、それをクラブという形で行っているのが、この余暇クラブである。ここでは、平日の仕事等を終えた後、夕方から夜にかけて文化活動の機会を提供することを目的として、専門の指導員がチームでワークショップやペインテイングなど様々なアクティヴィティを支援しており、移送サービスも行われているため、かなり重度の障害をもつ人も参加できるようになっている。

　建物自体は新しいものではないが、中に入ると壁にはペイントで鮮やかなイラストや文字などが描かれ、若者が集まる場所の雰囲気を感じさせる。そこには、ゲームができるスペースや自由にくつろぎながら談論できるコーナー、楽器などが置かれた音楽活動のできる部屋、テレビ等を視聴できる部屋、調理室などが用意されていて、お茶を飲んだり、料理を作ったり、ゲームや音楽活動をしたりと、それぞれが思い思いの時間を過ごしている。また金曜日の夜にはダンスパーティが催され、男女の新たな出会いの場も提供しているという。ここからは、障害をもつ人が余暇を楽しむことも当然の権利であるという考えが根付いている点を見てとることができる。

（4）社会教育施設・機関での取り組みとアウトリーチサービス

　障害をもつ人への学習機会の提供という課題を考える時、社会教育施設の役割は重要であり、日常的に社会教育施設を利用できる条件整備が不可欠である。この間施設のハード面でのバリアフリー化に比べて、ソフト面での整備はかなり遅れており、その中でも、とりわけ視覚障害をもつ人への対応が大きな課題となっている。例えば図書館では、これまでの点訳や

対面朗読、録音サービスなどの取り組みの蓄積をふまえ、それを市町村レベルの図書館にも拡充していくとともに、近年の情報化に対応したサービスが求められている。

　また博物館では、この間、点字や音声による案内や視覚障害をもつ人むけのガイドによる説明などの取り組みが増えてきたとはいえ、それはあくまでも間接的情報であるため、特に絵画などについては言葉での鑑賞に止まっている。そのような中で、いわゆる「手で見る博物館」という先駆的な取り組みは注目されるだろう。これは、触るという行為を通して直接視覚障害をもつ人の感覚に訴えようとするのが特徴であり、そこでは、実物だけでなく模型やレプリカを展示することで、貴重な文化財の破損等を防止することや絵画などの平面作品は、半立体のレリーフに翻案した物を用意することなどの工夫がされている。ただ、このような取り組みは、まだごく一部に止まっているため、その普及が今後の課題である。

　さらに、こうした施設・機関を利用できない人に対してのアウトリーチサービスも重要な課題である。ここでいうアウトリーチサービスとは、障害等のハンディキャップで学習文化活動に参加できない人に対して、直接その機会を届ける取り組みを総称したものである。歴史的には、ブックモービルや本の宅配サービスなどに代表される図書館での取り組みがあるが、近年では病院等で入院されている人への配本サービスも行われるようになっているなど、その充実が目指されている。

　こうした障害をもつ人へ"届ける"という発想にもとづいて、学習機会を提供する取り組みとして注目されるのが、東京都の中野区や大田区などで行われている社会教育訪問学級と呼ばれる事業である。区教育委員会が、１人では外出困難な主として身体障害をもつ人を対象に、希望する学習を支援できる専門の講師を自宅等へ派遣することによって、学習の機会を提供するというのが、この事業の趣旨である。

　同時に、人的なサポートの問題も重要あり、具体的にはいわゆるガイ

ドヘルプサービス（個々人を目的の場所や機会へガイドしていくためのサポート）への需要が非常に高いことも強調しなければならない。筆者らがかつて行った調査⁽⁹⁾でも、一般市民向けの講座等に参加したくても一人で会場まで行くことができないため参加できない、それゆえ「会場まで連れて行ってくれる人をつけてもらえれば、税金が高くてもいい」といった切実な声が出されていた。このサービスは、以前は時間や目的、障害などが限定されて文化的ニーズに対応していないケースが多かったが、最近では、時間の大幅増に加え、障害や目的を問わないなど幅広いサービスを提供しているところも広がってきており、学習機会へのアクセスを保障するという点で一定の進展を見てきてはいる。しかしながら、自治体によって利用目的や時間等において格差が大きいため、その是正と一層の拡充が課題となっているのである。

(5) オープンカレッジの試みと高等教育保障の課題

オープンカレッジは、一般に大学が市民を対象として行う公開講座等の名称として用いられることが多いわけであるが、近年障害をもつ人、とりわけ知的障害をもつ人を対象に、大学が学習機会の提供を目的に行う事業としてこの名称が使われるようになっている。その際、障害をもつ人に対応した様々な内容と方法が工夫されており、大学の教員だけでなく、社会福祉や障害児教育をはじめ多様な領域や分野の教員や学生、地域住民が関わって取り組まれてきている。

その先駆となったのが、1995年に東京学芸大学で開講された、知的障害をもつ人を対象とした公開講座であり、大学の教員と特別支援学校等の教員による専門的な知識とスキルを活かしたプログラムと学習支援がその特徴となっている[10]。2006年には、4回の講座（「自然と人間の関係」「裁判と人権」「教室の中から世界発見」「自己理解」）を実施し、それぞれ専門の教員の講義だけではなく、大学の付属農場でのフィールドワークや模擬裁判の見

学などの方法も取り入れながら行われている点が特筆される。1998年からは、大阪府立大学で同じような事業が実施され、関西の福祉系の大学もそれに続いたことから同年に全国オープンカレッジ研究協議会が発足するなど、その後いくつかの大学で同様の事業が行われるようになってきている。[11]

　障害をもつ人の学習権保障という点から、高等教育機関である大学でこうした取り組みを行うことの意義は大きく、とりわけ知的障害の場合は他の障害に比べ、高等教育の機会が大きく制限されている現状において重要な役割を担っているということができるだろう。その意味で、今後全国の多くの大学でこのような事業が展開されていくことが求められるわけであるが、同時に、主に聴覚や視覚および肢体不自由等の身体機能に障害をもつ人への高等教育の提供という点でも大学の役割が問われてきている点も強調しなければならない。

　もちろんそれは、まず大学の入学試験時からの対応に始まり、障害の特徴に応じた受験が可能となるような配慮と取り組みが大学側に求められる。そしてさらに入学した障害をもつ学生への特別な配慮と支援が必要とされるわけであるが、日本の大学での取り組みはまだまだ不十分であるといわざるをえない。[12]

　そうした点で、筆者が調査で訪れたスウェーデンの取り組みなどは大学教育と地域福祉の連携という点で先進的な事例ということができるだろう。すなわち、大学がある市（コミューン）では、障害をもつ大学生の学びと生活を支える様々なシステムが用意されており、住宅の支援とホームヘルパーやパーソナルアシスタント派遣等で障害をもつ学生が一人で生活できる条件が整備されている。もちろん大学への交通アクセスの保障については、車いす対応の市バス網の整備とあわせて障害の特性に対応した送迎サービスも保障されている。

　一方、大学の授業等では、聴覚障害をもつ人のための手話通訳は大学が用意するが、ノートテイクなどのアシスタントについては、市で主催して

いる成人教育のコースで学んで資格を取った人が担っているという。そこでの手話通訳の派遣は県の役割であり、また特に重い障害をもつ人への専門的助言と人的援助も県の役割であるが、それ以外の日常生活の支援や介助などについては市の役割として規定されている。このように、障害をもつ学生の援助については、交通アクセスを含め大学外での生活全般に関しては市が中心的な役割を果たしており、部分的には県がそれを補完しながら、障害をもつ学生全般の支援が提供されているのである。[13]

　こうした点から日本において、先に紹介したような障害をもつ人への支援の取り組みを発展させていく上で、障害者の権利条約の意義があらためて確認される。すなわち、その第24条では、教育機会の平等を実現するため、「あらゆる段階における障害者を包容する教育制度及び生涯学習を確保する」として初等・中等教育だけでなく、「他の者と平等に高等教育一般、職業訓練、成人教育及び生涯学習の機会を与えられることを確保する」ための「合理的配慮が障害者に提供される」ことが明示されているからである。

　また第30条でも、「他の者と平等に文化的な生活に参加する権利を認める」ものとし、文化的な作品および活動の享受、文化的な公演やサービスが行われる場所（例えば、劇場、博物館、映画館、図書館、観光サービス）へのアクセスを保障することやレクリエーション、余暇およびスポーツ活動への参加を可能とするための具体的措置等が示されている。

　こうした点からも、生涯学習の視点にもとづく障害をもつ人の学習文化保障の充実が求められているのである。

第3節　精神障害当事者による地域への発信
―― 喫茶コーナーの取り組みから ――

　これまで述べてきたように、障害をもつ人の学習・文化支援においては、地域での生活支援や就労支援と連携しながら豊かな人と人との関係をどうつくり上げていくかが重要となるわけであるが、とりわけ精神障害をもつ人にとっては大きな課題となっている。それはすなわち、様々なプログラムを通して言葉の回復を中心とした豊かなコミュニケーションの力を引き出し、自立的な生活を創造していく課題であるということができる。そのためには、当事者へのエンパワーメントの支援とともに、安心できる居場所づくりなども不可欠である。

（1）精神障害固有の問題と課題

　1993年に、それまでの心身障害者対策基本法にかわって障害者基本法が策定されることにより、ようやく精神障害も他の知的障害や身体障害と同じように、「障害者」として法的に認められるようになった。すなわち、従来の「精神病」としての保健医療に加え、「精神障害」としての福祉施策の対象となることにより、生活や就労等における福祉的サービスや援助が受けられるようになったという点において大きな前進であった。

　こうした中で、生活や就労保障と並んで、精神に障害をもつ人の地域での文化的に豊かな暮らしをどう保障していくかがあらためて問われるようになってきており、自己実現や生活の質（QOL）という観点から学習文化の保障が切実な課題として意識されるようになってきている。そうした点で、地域福祉とあわせて社会教育の役割が期待されるわけであるが、その際に精神に障害をもつ人を対象とした取り組みだけではなく、同時に差別や偏見の解消という課題がクローズアップされてくる。

精神障害の場合、他の障害に比べ固有の困難な問題としてあげられるのが、疾病と障害とが併存しているということ、つまり精神疾患という特有の病的症状に加え、すぐに疲れる、集中力が続かないため作業等が継続できない、緊張のため人間関係がうまくつくれないなど様々な生活上の困難さを伴うため、医療と福祉と両方の領域にまたがってその対応が求められるという点である。

　現在300万人を優に超えるといわれている精神に障害をもつ人の中で、精神科病院等に入院している人は30万人以上にものぼるが、その中でも退院可能な人は約7万人といわれている。こうした人の多くは「社会的入院」と呼ばれ、退院しても現実に地域で生活できないがゆえに、結果として入院を強いられている。そのことは、つまり他の障害をもつ人と同じように、地域での生活と就労の条件さえ整えば退院が可能であることを意味しているのである。また筆者の調査でも、地域で生活をしている精神障害をもつ人は、他の障害に比べても社会的孤立感や疎外感が深く、それゆえ地域の人と交流したり活動するということが少ないという結果が出ていた。[14]

　精神疾患が発症あるいは症状が悪化する急性期といわれる段階では、病院での入院治療によってその病状がある程度緩和され、症状が安定したとしても、その後のいわゆる陰性期においては、退院後の生活や就労等の面で、他の障害をもつ人と同じように福祉的支援が不可欠となることは、以上のような状況からも理解できるわけであるが、しかしながら、そのことが同時に医療と福祉の混同という問題を顕在化させたという点については注意が必要である。それは、精神障害という「障害」の基本的理解が十分にされていなかったという、これまでの経緯の中に示されている。

　その意味で、先の障害者基本法での規定を受け、1995年に改正された精神保健福祉法の付帯決議で「精神障害者の定義については、障害と疾病の区別を明確にしながら、その主旨の徹底をはかること」と明記されたことは重要である。

(2) 精神障害者福祉施策の進展と喫茶コーナーの広がり

　上述のような法的整備を受けて、地方自治体での障害者計画づくり等も進められてきており、この間の精神障害者を対象とした医療と福祉に関わる取り組み状況の成果は、1990年代の後半になってからの入院患者数の減少と平均の在院日数の短縮に端的にあらわれている。それが、地域で生活しながらの通院や地域の精神科診療所への受診を推し進めるとともに、病状から派生する日常生活に関わる障害への対応に取り組みの重点が移されてくる。

　生活や仕事の中で必要とされるコミュニケーションの方法や様々な知識・技術等を身につける目的で行われるSST（Social Skills Trainingの略称で、一般に生活技能訓練と訳されている）は、地域社会での生活を想定して自分の気持ちを他者にきちんと伝えることを目的に、具体的な状況設定にもとづいてロールプレイング方式が用いられるなどの特徴をもつ。その際に扱われる課題や内容は極めて具体的で、実際的なものであるが、そこでのポイントはコミュニケーション能力の回復と養成にある。

　また、主に職業的基礎を学びながら自立を目指す援護寮や通所授産施設などの社会復帰施設に加え、いわゆる小規模作業所(15)（共同作業所）の普及はめざましく、精神障害関係だけでも現在全国で1600カ所を超えている。そのような中にあって、精神障害をもつ人が働く喫茶コーナー（以下、喫茶コーナーと略す）のような接客を伴う取り組みが増えてきている点が注目される。その理由は、以下の通りである。

　まず、社会的入院あるいは在宅を余儀なくされている精神障害当事者の社会復帰の場として、就労の機会や職業訓練の機会を提供するだけでなく、他の作業所などと違い、直接一般市民であるお客と接し、サービスをするという点で有効な機能を有していると考えられること。また地域にある精神障害当事者の居場所、つまり一般の喫茶店などには入りにくい場合でも、

こうした喫茶であれば同じ障害をもつ人が働いているということから気軽に来てリラックスしながら安心した時間を過ごすことができる場であること。さらに近隣地域の市民が障害をもつ人と出会うことで精神障害に対する理解が促進され、それが差別や偏見を是正していく上でも有効であるということ。そしてそれらのことが、ひいては福祉のまちづくりや地域でのノーマライゼーションを進めていくことにつながっていくことが期待されるということ、である。

　以上の課題意識にもとづいて、全国にある主に精神障害をもつ人が働いている喫茶コーナーの中で、全国喫茶コーナー交流会が把握している150カ所余（2008年10月段階）のところにアンケート調査用紙を送付したところ、2009年2月末段階で全国48カ所の喫茶コーナーから回答を得ることができた。回収率は約32％であり、全体の3分の1弱であることから、ここからある程度全国の取り組み状況の様子が把握できるのではないかと思われる。

　以下、アンケートの調査項目にそって、その取り組み状況を見ていく。

(3) 設置場所と運営団体、働いている人たちの状況など

　まず、喫茶コーナーが運営されている場所については、役所関係2、公民館や生涯学習センターなどの社会教育施設3、博物館関係（美術館なども含む）0、図書館関係、文化・スポーツ施設1、福祉関係施設16、そのほかの公共施設2、一般の店舗（喫茶店など）20、その他3、などとなっている。ここからは、社会教育関係施設や福祉関係施設だけではなく、一般の店舗として運営されているところも多いことがわかる。そうした点で、他の知的障害をもつ人などが働く喫茶コーナーに比べ、一般の店舗の割合が高いことが特徴であるといえる。あわせて喫茶コーナーを運営している団体や主体については、法人関係が33カ所と圧倒的に多く、以下、作業所関係10カ所、障害者団体など8カ所などとなっている（一部、重複回答あ

り)。ただ、市民有志や団体等という回答も1カ所あった。こうした点から、様々な団体や主体によって運営されていることがうかがえる。

　喫茶コーナーで働いている障害当事者(以下、メンバーと略す)についてはどうか。年齢構成は20歳代〜50歳代に集中しており、しかもそれぞれ年代に大きな差がないことから、20歳代、30歳代、40歳代、50歳代それぞれに満遍なく分布していることがわかる。また精神障害の種別について尋ねたところ、統合失調症およびうつ病などの気分障害が多いものの、その他の回答も少なくないことから、今日の複雑な社会状況を反映して多様な精神疾患をもっている人が働いている様子が想像される。ちなみに、その他で書かれている障害名は、強迫神経症、適応障害、アスペルガー症候群や高機能自閉症、学習障害などの発達障害、高次脳機能障害、境界性人格障害、解離性人格障害、社会不安障害、非定型精神病などであった。

　さらに現在のメンバーがどのような経緯を経て喫茶コーナーで働くようになったのかを把握するために、それ以前の所属等について聞いたところ、「作業所や福祉施設」が最も多いものの、「在宅」と「病院など」を合わせると全体の50%余となることから、それまで在宅のまま生活していたり、病院生活をしていた精神障害をもつ人の社会的自立を支援していくという面から大きな役割を果たしていることが読みとれるのではないかと思われる。

　なお、働いているメンバーの主な仕事内容は、接客、調理関係、片づけや掃除といった喫茶に関わる基本的な仕事に携わるというケースがメインとなっている。その中でも接客が最も多い点については、精神障害の特徴である人との関わりが苦手であるという面から見て、喫茶コーナーの役割がここに集約されているといえる。

(4) 喫茶コーナーの目的と役割

　一方、喫茶コーナーを利用しているお客については、一般市民と同様に

障害をもつ人が利用している様子が見てとれる。ここからは、喫茶コーナーが障害をもつ人が気軽に利用できる居場所・空間として、そして障害をもつ人ともたない人が出会い、交流できるスペースとしての役割を担っている状況、あるいはその可能性を見てとることができると思われる。そのことは、またお客の反応からもうかがうことができるだろう。つまり、ほとんどが「特に障害のある人を意識せず、気軽に利用される」という回答であり、「最初は戸惑う人もいるが、その後は普通に利用してくれる」を合わせると95％を超えているからである。

　このような状況は、喫茶コーナーの運営の目的や実際に果たしている役割と関わってくる。喫茶コーナーの運営にあたって特に重視している点として、「障害をもつ人の自立と社会参加を実現すること」および「障害をもつ人の就労や仕事の機会を広げること」と並んで、「障害をもつ人のたまり場や居場所（自由な時間を過ごす場）としての機能」「市民との交流をめざす福祉教育的な機能」という回答も同じようにあげられているからである。こうした点から、喫茶コーナーが自立と社会参加、居場所と交流、福祉と教育といった幅広い目的や機能をもって運営されていることが見てとれる。

　このことは、実際に喫茶コーナーの果たしている役割とも連動している。つまり「障害をもつ人に就労や職業訓練の場を提供している」と「障害をもつ人の就労や社会参加のきっかけを与えている」という回答と同じように、「障害をもつ人のたまり場や居場所（自由な時間を過ごす場）としての役割を果たしている」「障害をもつ人と地域の人々との交流の場となっている」「地域の人や利用するお客が精神障害を理解する場となっている」という回答も多くあげられているからである。

　なお、「障害をもつ人の就労や社会参加のきっかけを与えている」をあげている喫茶コーナーには、実際に他のところに就職（非正規雇用も含む）したメンバーがいるかについても尋ねたところ、27の喫茶コーナーが「い

る」と回答していることから、半数以上の喫茶コーナーでは何らかの形で精神障害をもつ人の就労につながる支援をしていることが見てとれる。

(5) 障害の理解と差別・偏見の是正にむけて

　障害の周知について

　以上の点をふまえ、今後喫茶コーナーを運営していく上での問題や課題について、まず精神障害の場合に他の障害よりも偏見や差別が根強くあることへの対応や配慮がされているかを探るため、精神障害当事者が働いていることについて何らかの形で知らせているかを尋ねた。その結果、知らせているが15、知らせていないが26、どちらともいえないが4となっており、全体として特に知らせていないところが多いことがわかる。

　さらにそれぞれの回答について、その理由を尋ねた。知らせているところでは、主に精神障害および精神保健福祉についての理解と啓発、精神障害をもつ人が働いている喫茶コーナーの目的を知らせるという回答であったが、さらに誰もが暮らしやすい街になることを期待するというノーマライゼーションの理念を意識した理由も見られた。あわせてその具体的な方法については、店の看板や店内に掲示したり、地域イベントなどでチラシを配布、通信、精神保健関係の書籍や新聞記事を展示、一般市民を対象とした精神障害に関する公開講座の開催、新聞等への掲載、自治会等での説明と民生委員への協力依頼、社会福祉協議会の通信等に掲載など、直接・間接の方法で知らせている状況がうかがえる。

　それに対して、特に知らせていない理由としては、次のような趣旨の回答があった。一般の仕事場と同じだと思って働いてもらいたい／偏見を持たれないため／精神障害に対する理解のない同情を避けるため／精神障害に関係なく喫茶サービスが提供できるように／障害者の店としてではなく、おいしい店として利用してもらいたい／障害者の職場であることを店の特色としていない／地域のごく普通の喫茶店として運営していきたい／障

のあることをあえて知らせる必要がない/障害者としてではなく一人の社会人として働く意識を持ってもらいたい、など。

　喫茶コーナーの運営上の課題に関しては、回答の多くが「財政的に不十分でやりくりが難しい」「報酬が少ない」「立地条件や設備が不十分」といった条件整備に関わる項目に集中していたのに対して、「行政の理解・協力が不十分」や「地域の人の理解や協力が得にくい」という回答は少なかった。このことは、前述した障害による差別や偏見の問題への対応がなされているということを示しているのではないか。

　地域との関係について
　そのことは、次の近隣地域との関係を尋ねたところからも見てとることができると思われる。すなわち、「うまくいっている」と回答したところが全体の約74％を占め、逆に「うまくいってはいない」という回答は皆無だったからである。さらに「うまくいっている」と回答したところに、地域との関係づくりのために特に力を入れていることについて尋ねたところ、大きくは喫茶の運営や活動に地域の人々の参加を呼びかけたり、施設等を地域の人々に提供するという取り組みと地域の様々な活動などへ意識的に参加していく取り組みとに分類された。

　前者については、日常的な挨拶やコミュニケーションを重視する、ニュースレターなどの配布や施設の貸し出し、主催するレクリエーション活動やイベントに地域の人の協力と参加を呼びかける、精神障害の理解や支援を得られるように公開講座を主催している、サロン空間で趣味の教室、ギャラリー、手作りマーケットなどを行っている、ボランティアの受け入れ、役員（理事等）として地域の人に入ってもらう、などがあげられていた。

　また後者については、比較的多かったのが、町内会や商店街の活動、イベント（お祭り、スポーツ大会、バザー）などへの（出店）参加であり、自

治会に入会して日常的な地域活動を行っているところもあった。また商品や材料の取引を意識的に行い、備品等の購入などの際に高くても地域の店を利用するというところもあった。そのほか、クリスマスカードやプレゼントの配布、一人暮らしの高齢者への昼食弁当のケータリング、こども110番の家として登録、幼稚園の送迎バスのバス停、イベントのチラシを貼らせてもらったところに自主製品のクッキーを持参してお礼に回る、などの具体的な事例も紹介されていた。

なお、地域との関係が「うまくいっているとはいえないが、特にトラブルはない」と回答したところでは、「両隣の住民の方だけは、まだまだわだかまり、不特定多数の出入りや理解（病気等）について充分ではないと思う」という理由が書かれていた。

まとめにかえて

以上、アンケートの結果から見られる傾向や特徴について分析してきたが、障害をもつ人の中でも精神障害をもつ人が働く喫茶コーナーは、比較的新しい取り組みであることが特徴となっており、回答いただいた半数以上は2000年以降の開設となっている。こうした喫茶コーナーは、就労の場としてだけではなく、とりわけ生活的自立と社会参加という面から重要な役割を担ってきており、特に長期の入院や引きこもり等で社会から隔絶した状態にあった人たちが、喫茶を媒介として人と人とのつながりそして地域さらに社会とのつながりを回復・創造していく上で多くの可能性を内包している点を強調しなければならない。とりわけ統合失調症の場合には、過敏となるほど人間関係に気を使うことで精神的に疲弊し、極度に不安となり、自分を守るため内的な世界に閉じこもってしまう傾向にある。こうした状況を改善していくためには、安心できる居場所および日常的な人との関わりを必要とする。

そうした点で、喫茶コーナーは精神障害当事者にとっては居場所として

の機能が期待される点もあわせて強調しなければならない。今回のアンケートでも、前述したように喫茶コーナーが「障害をもつ人のたまり場や居場所（自由な時間を過ごす場）としての役割を果たしている」という回答が多く見られ、実際に筆者が見学したところでも居場所やたまり場づくりの仕掛けとして喫茶コーナーを併設するというケースが少なくない。そしてそれが自立生活や社会参加さらには就労といった面に発展していく可能性を有しているということ、すなわち喫茶コーナーという空間は、接客、調理、会計、材料の購入や在庫の管理など、多様な仕事をメンバーがそれぞれ分担しながら共同で運営していくことを通して、生活的自立と基礎的な職業能力を育成していくことが可能となるのである。

とりわけ、接客という仕事を通して他者と関わることで、精神疾患特有のコミュニケーション障害を改善していくことが期待されるだけでなく、利用者である一般市民が精神障害をもつ人と日常的に接することで、精神障害への理解からさらに差別や偏見の是正といった福祉教育的な効果も期待される。そのことは、同じく前述したように「障害をもつ人と地域の人々との交流の場となっている」「地域の人や利用するお客が精神障害を理解する場となっている」という回答が多かったところからもうかがえるだろう。

このような意味において、喫茶コーナーの位置づけと役割の重要性があらためて確認されるわけであるが、そのことは、一般就労をつなげる、社会との結びつきとしての役割を強める、障害をもつ人が働く街の中の喫茶店としてお客に喜ばれるとともに社会復帰できる施設として、ゆっくりくつろげる地域のサロンとして、地域とのつながりを広げる、誰でも利用できる店に広報活動の充実など、アンケートの最後に今後の取り組みや方向において、特に力を入れていきたいこととして書かれてある内容からも見てとれる。

このような意味からも、こうした取り組みが今後一層広がっていくこと

が期待されるのである。

＜注＞
（1） 障害等を理由に特定の職種や資格取得等を制限するいわゆる「障害者の欠格条項」については、障害や病気のある人を一括りにし、その排除を法律に明記してきたという点で人権侵害であるという批判が高まる中、政府はようやく1999年に初の方針文書「障害者に係る欠格条項の見直しについて」を出して、見直し作業を始め、各省庁が見直し対象に指定した63制度の約半分にあたる制度の見直し法案が2001年の通常国会で可決・成立した。これによって受験資格に関係する障害者欠格条項は削除され、具体的な障害名・病名をあげて「免許を与えない」とする条文は削除されたものの、実際に欠格条項を撤廃したのはわずかで、残りの多くの法令には、「障害や病気によって免許を与えないことがあり、くわしくは省令で決める」という形で、実質的に欠格条項が残された内容となっている。また地方自治体の条例でも、主に議会や教育委員会等の傍聴、公共施設の利用を制限する際に精神障害を理由とした例が多数を占めるなどの問題が指摘されている。それに加え、近年では実態が見えにくいとされる間接的排除の問題もクローズアップされ、制度上の是正は進む一方で、障害を直接の理由とはしなくとも結果として排除されてしまうといった実質的な差別状況が生み出されているという点も強調しなければならない。
（2） 従来の福祉サービスを提供する措置制度にかわり、自己決定を原則に福祉サービスを利用者である障害当事者などが選択できるよう、契約関係を基本とした福祉に構造転換するとしたが、同時にハンディキャップのある当事者がサービス利用をするためには、権利擁護を含め必要な支援やサービスの提供のあり方が大きな課題となっている。
（3） 老人福祉法、身体障害者福祉法、知的障害者福祉法、生活保護法、児童福祉法、母子及び寡婦福祉法、高齢者の医療の確保に関する法律（老人保健法）
（4）『つどう でかける あそぶ ハマる／知的障害児者余暇活動研究事業報告書』、全日本手をつなぐ育成会、2004年
（5） 小林繁『障害者の生涯学習に関する実証的研究（平成16-18年度科学研究費補助金研究成果報告書）』、2007年
（6）『障害のある人の生涯学習に関する調査研究（平成14年度「生涯学習施策に関する調査研究」報告書）』独立行政法人国立特殊教育総合研究所、2003年

（7）松田泰幸「青年学級から『とびたつ会』へ」、『月刊社会教育』2008年10月号、2008年9月
（8）木津和実「やってみようDODO講座」、『日本の社会教育実践2007／第47回社会教育研　究全国集会資料』社会教育推進全国協議会、2007年
（9）『世田谷区「障害者等の学習援助制度構想づくり（案）」の委託調査研究報告書』世田谷区教育委員会、1996年
（10）松矢勝宏監修・養護学校進路指導研究会編『大学で学ぶ知的障害者』大揚社、2004年、および「自分を知り社会を学ぶ」受講生論文刊行委員会編『大学へ行こう‼』ゆじょんと、2004年
（11）建部久美子編著・安原佳子著『知的障害者と生涯教育の保障』明石書店、2001年
（12）独立行政法人日本学生支援機構の「平成23年度（2011年度）大学、短期大学及び高等専門学校における　障害のある学生の修学支援に関する実態調査」（2012年2月）によると、2011年5月1日段階で、全国にある1,206の大学と短期大学そして高等専門学校に在学している障害をもつ学生数は10,236人であり、これは全学生数のわずか0.32％であるという。
（13）明治大学海外GP委員会『障害者学習支援に関する大学視察報告書』、明治大学、2007年
（14）このことについては詳しくは、小林繁『障害をもつ人の学習権保障とノーマライゼーションの課題』れんが書房新社、2010年、を参照。
（15）障害者自立支援法の施行によって、小規模作業所が地域活動支援センターまたは自立支援給付の制度に移行するとされ、厚生労働省によると、2010年には全国の小規模作業所の74％余がこうした制度に移行したとされる。しかしその移行にあたっては多くの問題が生じており、とりわけ市町村が財政責任を負う事業となった地域活動支援センターに移行（全体の54％余）した小規模作業所では、これまでの脆弱な運営実態よりも財政的に厳しくなったところも多いことが報告されている。（きょうされん「小規模作業所・地域活動支援センター運営・活動についての実態調査の結果」、2011年5月）

第2章　障害をもつ人が働く喫茶コーナー
――地域になくてはならない「場所」として――

兼松忠雄

　1981年「国際障害者年」の年に、東京都の西部にある国立市公民館で、「障害をもつ青年」ともたない青年たちの運営による喫茶コーナー「わいがや」が産声を上げたとき、この店が30年以上続くと誰が想像しただろう。
　それはなにより、「喫茶コーナー」を始めようとしたのが、公民館青年室という当時としてはあまり知られていなかった（今でもそれはあまり変わらないのだが）場所に出入りしていた青年たちだったということが、まわりの理解を得にくくしていたといえる。「わいがや」の取り組みは、この後東京都の保谷市（現西東京市）や東久留米市など、障害者団体や市民のグループが公民館の中に喫茶コーナーを立ち上げていくきっかけにはなるのだが。
　国立市では公民館の改築にあわせて「障害者とともに働く喫茶コーナーを」と熱く語り、要望する青年たちに「なぜ青年だけ専用室が必要なのか、もし必要だとすると、老人室、婦人室も必要になってくるのではないか[1]」というように、その当時の市民の反応は厳しいものだったし、障害者の親の理解を得るのも難しかった。
　しかしながら30年という時間が過ぎてみると、あたかもそれが当たり前であるかのように、全国の公民館や図書館、博物館などの社会教育施設、スポーツ文化施設、福祉関係施設、県庁や市役所、特別支援学校や大学等、はたまた清掃工場や火葬場の一角にまで、「喫茶コーナー」はとどまると

ころを知らず広がっていき、公共施設だけでなく、街中のお店を含め今では全国に600カ所近くになろうとしている。

　レストランや一般の喫茶店とも違う、障害をもつ人が働く「喫茶コーナー」ということばは、筆者が20年近くそこで働く人たちとの交流会を続ける中で、ごくごく普通の言葉となってきた。

　ここで取り上げる「喫茶コーナー」とは、①障害当事者が主体的に働き、なおかつ②障害をもつ人も普通の客として気軽に出入りすることができ、③地域の人たちもまた、当たり前のように出入りする居場所であること、そして④障害者が働く所というだけの機能ではなく障害者と出会い、そのことを通じて地域のことを考えるきっかけをつかむことのできる福祉―教育―労働を結ぶ「場」と位置付けている。そうした「教育と福祉をつなげる」典型的な取り組みとしての「喫茶コーナー」のいくつかの事例を取り上げながら、そこでの特徴と今後の課題そして可能性を展望してみたいと思う。

第1節　働くことと遊び学ぶことをつなげて

（1）大震災の被害の中で

　岩手県宮古市に住む小幡勉氏。2011年3月11日に発生した東日本大震災では、自宅は高台のため被害はまぬがれたものの、自身が経営する市内の焼き鳥屋もカレー専門店である「咖哩（カリー）亭」も、2メートル近く海水に浸かってしまい、営業できる状態ではなかった。

　宮古市は、風光明媚な浄土ヶ浜の海岸や三陸の海の幸の水揚げを誇る宮古港でも有名であるが、今回の地震による大津波でそのいずれもが破壊され、2005年に宮古市と合併した田老に半世紀をかけて建設された海面高10メートルの「田老の防潮堤」までが一瞬で倒壊してしまった。

　宮古市役所も1階にまで海水が浸入し、行政事務は大混乱することと

なった。震災が起きた約1カ月後の4月下旬に筆者が宮古市を支援のため訪問した時も、河口付近一体は震災の爪痕が生々しかった。建物は1階は使いものにならず、2階より上で仕事を続けている状況で、近くには漁船が道路の脇に乗り上げていた。メインストリートの信号は、一部が作動していないため、全国各地から応援に来ていた警察官が手信号で車をさばいている状態であった。また、一帯を管轄する宮古警察署も海に近かったため、ほとんどのパトカーが流され、北海道警察や静岡県警などのパトカーが市内を走っていた。

　震災直後、ライフラインが元に戻らない中で小幡氏がまず取り組んだのが、無事だった自分たちができることとして、従業員とともに社会福祉協議会（以下、社協と略す）のボランティア登録をすることであった。そして3月25日に市内の電気が復旧するまでの間、お店の従業員たちは小幡氏と一緒になって市内の高齢者住宅の家財道具を運び出したり、撤去作業など、ボランティアとして活動に取り組んだ。

　これと並行して咖哩亭の中に入り込んだ泥をみんなで片付け、3月30日には店を再開、4月29日からはレトルトカレーの製造も再開にこぎつけた。そして地域の人たちや災害復旧の応援に宮古市を訪れたボランティアを元気付けようと、店では350円のカレーを5月末まで提供し続けたのである。

　さて、そんな咖哩亭のオーナーである小幡氏について説明しておこう。彼は、東京都目黒区の出身で、オートバイ好きの夫婦は一緒に全国をオートバイで旅行中、地図で選んでたまたま立ち寄った宮古市が気に入り、移り住んでしまったという変わり種。「ダーツで日本旅行」を30年近く前にすでにやっていたというわけだ。とはいうものの、知り合いもいない土地で仕事はなく、たまたま就職した水産加工会社で調理を経験し、自分でもやってみようと始めたのが、3坪の焼き鳥屋「鳥もと」。同店は、10数年後には60坪の店舗にまで変身していた。

(2) なぜ障害をもつ人を雇うようになったのか

　たまたまその店のお客の一人に、市内にある県立養護学校（現在は特別支援学校）の先生がいた。養護学校の教員として就労支援を担当していた彼は、いきつけの焼き鳥屋の店主である小幡氏に「障害者の働く場所として、ぜひ養護学校の卒業生を雇ってもらえないだろうか」と強引に頼み込み、それで、とりあえずということで卒業生を雇うことになった。

　小幡氏にとって、雇った障害をもつ人の働きぶりはいったいどうだったろうか。小幡氏いわく、「時間をかけて教えなければならないけれど、結果としてこつこつと学んでできるようになりました」。それまでは、障害をもつ人との付き合いなどまったくなかった小幡氏であるが、彼らが串をさすのに時間はかかったものの、それを気長に待ったのである。

　次に小幡氏が考えたのがカレー専門店であった。彼らが働ける店、そしてその店でしか食べられないものをと思い、インド風カレーのレシピを考えたのであった。この店には、開店当初は珍しさも手伝って、たくさんの客がやってきたのだが、その後途中からは客足はどんどん落ちていった。

　これでへこたれないのが小幡流。「せっかくおいしいものを作っているのに理解してもらえないなら、食べてもらえる所へ持っていけばいい！」と、カレーのレトルトを作ることに……。それが功を奏し、盛岡市にある老舗百貨店や東京のミッドタウンのスーパー、大手の通販にまで名が知られるようになったそのカレーは、今では全国から注文が来るまでになっている。

　しかしながら、小幡氏が考えたのは単なるカレーのレシピではなかった。それが、高い品質を維持しつつ、自社農場で作る食材を使った仕込み、調理まで障害をもつ人が働ける仕組みづくりだ。このあたりに、理系出身の小幡氏の力が活きている。お店で使われている機械が壊れても、大抵のものは部品調達して修理してしまうのだ。

障害をもつ人を雇うようになってから十数年が経って、気がつけば彼の職場には8人の障害当事者が働くまでになっていた。移り住むことになった宮古の土地にこだわり、畑を借りてニンニク、玉ねぎ、トマトをみんなで作り、それを基にしてできたカレーがおいしいから買ってもらえるよう、小幡氏の挑戦は続く。

　今、小幡氏は、水に浸かってしまった店舗を取り壊し、新しく障害をもつ人が働く作業所として店を再生させたいと考えている。具体的には、就労継続支援A型事業所(2)設立のため、すでに2011年11月には特定非営利活動（NPO）法人「イーハトーブとりもと」も認可され、体制は整ったといえる。このように今回の震災をマイナスではなく、店の地域再生として、どこまでも前向きにとらえようとしているのだ。

　こんな時こそ、遊び好きで、全国にオートバイ好きのネットワークを持つ小幡氏の力が活きてくる。それは、様々な人が震災以降、彼のもとを訪れていることからもうかがうことができる。自らカレーで被災者に炊き出しを行うだけでなく、喫茶コーナー交流会の縁もあり、神戸から駆け付けたカレー屋の応援で、一緒に避難所を回って炊き出しをしたり、著名人たちが行う岩手復興のバザールなどに声をかけられたりと、その人脈が活かされているのだ。

　ここで働いている障害当事者もいきいきとしており、カレーやその材料であるトマト、玉ねぎなどの野菜作りにいそしんでいる。そして働くだけでなく、そのうちの2人は、小幡氏の指導で地元の自動車学校に通ってオートバイの免許を取得し、休日にはドライブを楽しんでいるという。遊び学ぶことと働くことが見事につながっている。

第2節　カフェをキーワードに大学を地域に開く

　障害をもつ人が働く「喫茶コーナー」と一口にいっても、さまざまな形

態がある。次に紹介する伊藤勲さんの新しい取り組みもその一つである。伊藤さんは、大学卒業後、東京都の職員として福祉の現場に入り、そこで33年間過ごしてきた。公務員の枠に入らない伊藤さんの活動は、施設の中に閉じこもっている障害をもつ人を外に出す活動に、そして彼らが自立できるよう働く場所を作る活動へと発展していった。

　東京都を中途退職した伊藤さんは、現在「NPO法人やまぼうし」の理事長として、東京都日野市を中心にさまざまな事業を展開している。最初は1970年代に彼自身が働く知的入所施設卒園生のためのインフォーマルな活動として、療護施設利用者の地域活動支援のための八百屋による仕事づくり。その活動は、やがて2001年12月の「NPO法人やまぼうし」の設立へと結実することになる。

　伊藤さんの取り組みで特に瞠目させられるのは、障害をもつ人の生活や就労を目標とした地域の設定にとどまらず、行政が策定する「障害者計画」や「地域総合福祉計画」へ積極的に参画していることだ。彼はそうすることで、多様な「ともに生きる街づくり」の具体化を果たそうとしてきた。

　NPO法人を設立してからの彼の活動は、生活寮の開設、農のある街づくりへの障害当事者の参加、ヘルパーステーション・短期入所施設・就労移行支援事業所の開設など、多岐にわたる。そして2008年6月からは、やまぼうしが「日野市健康市民支援センター」(旧平山台小学校)でのカフェレストラン事業と配食事業の事業所指定を日野市から受けるまでになった。

　さらに2009年10月からは、近くにある明星大学からの要請により、大学内で「Star☆Shops」と銘打ったカフェ事業を開始することになった。ただし、開業までの道のりは実際には一筋縄ではいかなかったようだ。当初は、キャンパス内に活気がないと感じていた学生が、自分たちで気軽に集まれるカフェを開きたいと考え、大学側に提案。最終的には、40人ほどの学生でその計画を練ってきた。

大学としても、学生の希望を受けて資金と場所を提供する以上、特定の学生のためでない施設として継続的な活動を要求し、この課題解決のために２年が経過していた。この課題をクリアするため、以前から市内でパン屋を営んでいた「やまぼうし」が協力することになったというわけである。

　学生はパンを焼く溶岩窯を設置するとともに、「やまぼうし」と一緒に運営に参加することで、経営だけでなく障害当事者とともに働くことを通じて、実践的に「障害者福祉」も学ぶことができる。こうしてカフェを単なる喫茶店とはせずに、学生たちの「実習の場」とすることで、継続的に運営していくことが可能となったのである。

　こうした活動の成果は他の大学にも伝わり、福祉の学部をもつ法政大学多摩キャンパスの食堂「EGG DOME slow world cafe」でのカフェ事業の取り組みにもつながっていくのである。2011年には、震災の影響で遅れたものの４月からオープンとなり、やまぼうしの活動をさらに広げている。

　伊藤さんは、今２つの大学での事業を通じ、大学や企業との連携による発達障害者等の施設外就労による就労促進事業の試行が必要だと痛感している。必要であると決めたら、伊藤さんの動きは早い。これからも目の前に現れる様々な課題をクリアするための事業を、彼は展開していくことだろう。

第３節　「喫茶コーナーの広がり」がもたらしたもの

（1）全国喫茶コーナー交流会の取り組み

　以上のような取り組みを含め、始めてから20年が経った「全国喫茶コーナー交流会」（以下「交流会」と略）は、いろいろな課題と可能性を教えてくれている。かつて国立市、保谷市、東久留米市の障害をもつ人が働く喫茶コーナーを運営する市民の呼びかけで、東京都の市町村部で構成する三

多摩地域において始まった「交流会」も、現在では全国の600カ所近くの店とのネットワークづくりを目指して開催されてきており、毎年全国の40カ所余から150名近く人が集まるまでになっている(3)。
　ちなみに、埼玉県大井町（現ふじみ野市）で開催された第11回の交流会の際には、喫茶に関わる地域住民だけでなく、準備や当日のオープニングイベントや進行など、多くの公民館利用の市民や団体の力で開催された。
　「交流会」のための実行委員会も毎月開かれ、先進的な喫茶コーナーの見学のほか、コーヒーや料理のレシピの情報交換、接客方法、経営のあり方を学ぶ研修なども実施している。参加している実行委員は、障害者の親、喫茶の経営責任者、ボランティア、社協など福祉関係機関職員、市民活動支援センターのスタッフ、フードライター、学生、特別支援学校や大学等の教員そして行政職員など様々である。
　例えば、2011年に明治大学で開かれた第23回交流会では、障害をもつ人の職業技能を競う大会である「アビリンピック(4)」の報告や岩手県社協が取り組んでいる作業所の統一ブランド「岩手珈琲物語」の紹介、都立特別支援学校が取り組んでいる「接客サービス授業」についての報告などが行われた。特に特別支援学校では喫茶コーナーを設置し、生徒の職業訓練の基礎となる接客を通してコミュニケーション能力を高めるとともに、従来閉鎖的なイメージが強かった特別支援学校を地域に開き、つまり一般の市民をお客として学校に呼び込むことによって地域とのつながりをつくっていく取り組みとして喫茶サービスを位置づけているという点は、近年の新しい流れとして注目されるものである。
　また続く分科会では、大学や地域を巻き込んだ喫茶の展開や障害者自立支援法以降の新たな取り組み、他の喫茶コーナーの成功や失敗事例に学ぶ、などをテーマに注目すべき取り組みの報告とともに活発な議論が展開された。さらにその合間には、お互いの情報交換とコーヒーのサービスや施設で作られたクッキーやパンなどの販売、関連本の紹介も行われた(5)。

交流会の参加者は、実際に喫茶の運営に関わっている人がほとんどで、最低賃金を保障するためにはどうしたらよいか、お客様に喜んでもらえるメニューづくりや障害当事者がいきいき働き続けるための工夫など、日頃現場で苦労している話題が多く出されている。

(2) 接客を仕事とする

こうした交流会を続けていて強く感じるのは、以前と比べ「福祉ですから」「障害者だから」ということだけではやっていけなくなってきていることだろう。地域では一般の喫茶店が消えていく中にあって、「福祉」を売り物にした喫茶店だけが生き残ることはありえないのは当然であり、それゆえ街の喫茶店と同じような努力が運営する側には求められているといえる。

また「アビリンピック熊本大会」をきっかけに、宮城大会から正式種目となった「喫茶サービス」を通じて、障害当事者が接客サービスの場で働くことをアピールすることもできるようになった。先に紹介したように特別支援学校では、この接客サービスを授業の科目として設定し、積極的に雇用拡大の機会をつくっているところも出てきている。最近では接客サービスに関するテキスト本[6]も出回るようになり、あわせて特別支援学校の熱心な取り組みもあって、以前に比べアビリンピックの競技に出場する選手の技能や技術の差が小さくなってきているように思う。

実は、接客を仕事とする人たちほど、この競技の様子を見て「うちの従業員にも見せてあげたい」と語る人が多い。それほどアビリンピックに出場する選手は、各都道府県代表として、技術と誇りをもって競技に臨んでいるといえる。

しかしながらその一方で、喫茶コーナーが自治体の公共施設内に設置されていながら、収益性が不十分なため、民間事業者へ運営の委託をかえられるケースも出てきている。以前、地方の喫茶コーナーを訪問した際、幹

線道路に面して立地条件もよく、建物も素晴らしい施設なのに「障害のある従業員の送迎のこともあるため、10時から16時までの営業」という喫茶（というより、りっぱなレストランだったが）があった。実際、お話を伺っている間にも、お客さんは開いているものと思い次々と入ってきていたのだが……。

　それとは逆に、地元の商店街に加盟し、商店街が営業している夜9時まで店を開けている喫茶もある。喫茶コーナーが誰のために存在し、どのような将来像を描いているのか、この店は教えてくれているように思う。その意味で、「障害者だから」という時代は終わったといえる。

　私たちが「交流会」を始めた当初、今のように「働く場」としての市民権を得ると誰が想像しただろうか。「喫茶コーナー」は、障害をもつ人が輝く場として脚光を浴びてきた。これからも輝き続けるためには、それに関わる人たちが喫茶コーナーの持つ意味や役割を、地域の中で、地域に活かされている、ともに生きていることを実感し、伝えていくことが求められてくるだろう。

　最近では、先に紹介した大学のほかにも、京都文教大学や龍谷大学など、大学が積極的にカフェスペースを障害当事者の就労の場所として提供するようなところも増えてきているが、それだけではなく、当の学生の福祉関係の実習や社会体験の場そして地域の人たちが集まる場としても機能し始めているのだ。

　実は、かなり以前から筆者のところには、様々な地域から郵便局や女性センター、区の観光案内所といったところに障害者が働く喫茶コーナーができないか、といった相談が寄せられていた。できる限りの支援はしたものの、当時は「前例がない」「女性の活動の場で、障害者の場ではない」といった理由？　で、喫茶コーナーの開設を要望する人たちが行政から門前払いを受けていたことを考えると、今は信じられない時代状況となったといえる。今では、行政の方から「公共施設の中の一角を使わないか」と

言ってくるようになってきたからである。

　働くことを通じ、信楽青年寮を作った池田太郎氏(7)が言うように、「見せたおし」「働き続け」「地域になくてはならない場所として」今まで以上の脱皮が、喫茶コーナーには求められているといえるだろう。

第4節　アビリンピックが変えたもの

　次に、喫茶コーナー交流会とアビリンピックの関係について触れておきたい。これまで述べてきたような喫茶コーナー交流会の活動を知って、障害をもつ人の就労支援を行っている「独立行政法人高齢・障害者・求職者雇用支援機構」が毎年行っているアビリンピックに「喫茶サービス」の競技を導入したいという相談を、筆者は受けることになる。

　喫茶コーナーの取り組みに「競技」を持ち込むことには少なからず抵抗を感じたものの、「交流会」では話し合いの中で、これを契機にして喫茶コーナーの活動が広がるなら、と応援をしていくことになったのである。そして2002年、熊本で開催された大会でプレ（参考）競技として行われて以降、接客サービスが正式な競技種目として毎年開催場所を変えながら行われてきている。

　この競技を通じて、考えることがいくつかあった。まず一つには、回数を重ねるにつれ、特別支援学校の生徒の参加が増えていったことだ。これは、主に前述のような特別支援学校の授業のカリキュラムに「接客サービス」が取り入れられてきたことによる影響が大きいと思われる。ちなみに、東京都では青鳥特別支援学校のように、生徒の実習の場所として地域住民が利用できるよう、「喫茶ブルーバード」という喫茶コーナーを学校の敷地内に設けるところもある。

　二つ目には、熊本大会での接客サービスの競技者が10名だったのに対し、2010年の7回目の大会には35都道府県からの参加と大幅に競技者が増えて

いるということ。そして三つ目には、年を追うごとに競技の技術が向上することによって、評価する基準が難しくなっているということである。例えば、2010年に金賞を受賞した山形県代表の遠藤遼太さんは、受賞の際の感想の中で次のように書いている。「この大会に出場して大事だと思ったことは、大会だと思うと誰かと競い合うように思いますが、僕にとって大会とは周りの人と協力しながらする仕事なんだと考えて取り組むことでした」[8]。

　彼は大会参加が今回で３回目。高校３年から大会に出場し、その後、県内のカフェチエーン店で働きながら出場を果たし、なおかつ金賞を受賞することになったのである。実際に彼の動きは素晴らしく、先の感想にあるように、競技中も自分自身の動きだけでなく、周りの働く人にも気を配りながらきびきびと動いていた。

　また、その前年のアビリンピックで３位入賞した選手がパン屋に就職し、自分がアビリンピックで３位に入賞したことをオーナーに報告すると、店のオーナーは感激してパン屋の一角に喫茶コーナーを設けてくれたという話も聞いた。当然、その選手は喫茶コーナーで自分の実力を発揮し日々頑張っているとのことである。

　実は、彼らのように障害当事者が接客サービスを行うというのは、かつては一般的ではなかった。地元で喫茶コーナーの運営に関わってきた経験があり、障害をもつ人の就労支援の仕事に長年携わってきた大森八重子氏は、次のように述べている。「当時、すでにファミリーレストランなどで働いている知的障害のある人はいましたが、ほとんどが食器洗いなどの裏方でした。しかしこの喫茶コーナーでは彼らがお客様から注文を取り、テーブルまで飲食物をお届けしました。そして、中にはレジまでできるようになる人もいました」[9]。

　このように障害をもつ人が接客サービスの仕事に就くようになってきたという副次的な効果をこのアビリンピックの競技がもたらしていることを

考える時、あらためて喫茶サービスのもつ可能性の大きさを見ることができる。

第5節　存在しているだけで十分な……
(1)「わいがや」の位置

　以上の点をふまえ、あらためて喫茶コーナーの先駆けと言われる国立市の「わいがや」のことについて触れたいと思う。「わいがや」が公民館の一角に開設されてから30数年になる。それまでには、多くの障害当事者と青年たちがこのスペースを媒介に育っていった。

　ここで紹介する女性（仮に今井さんと呼ぶ）もその一人で、あるきっかけで「わいがや」に関わるようになった。今井さんは、もともとは小中高一貫の女子高に在籍する高校生で、ごくごく普通の学校生活を送っていた。ただ、大学進学が当たり前という周りの雰囲気の中で、勉強もクラブも「競争」という側面が強く、ある時からその流れについていけなくなっていた。それから、彼女は外に出るのが嫌になり、結局学校に行かなくなってしまったのだ。

　そして高校3年で中退をした冬、たまたま家のポストに入っていた国立市の「公民館だより」の中にあった若者向け講座「てこねでパンを作ろう」という記事が目にとまり、その講座に参加するようになった。しかし彼女のような若者が、字ばかりが並んだ行政の広報をいつも熱心に見てるわけではない。それは、たまたまだったのだ。

　最初の講座は、バレンタインデイのチョコレートパンを焼くというもの。講座が終わった後、スタッフみんな青年室でお茶を飲んで雑談はしたが、高校生だったのでいつもスタッフたちが行く飲み会には行かなかった。

　学校を休むようになった頃、親は心配していたようだが、特に学校に行くようにと指示や強制はされたことはなかったという。「そうしたことは

あくまでも自分の判断に任されていたけれど、親もきつかったとは思う」と今彼女は考えている。

この青年向けの講座は、その後「パン部」と称するサークルとなり、彼女はその後もなんとなく参加しながら、途中から「わいがや」の運営にも関わるようになっていった。「わいがや」は、外から見たイメージは堅苦しい感じだったが、学校とは違い、人と人との壁がなく話ができて、障害をもつ人とも、苦手な人とも普通に話をしているのが新鮮だったという。こうしてそこは当時、学校に行きたくても行こうと動けない彼女にとって、とても居心地の良い場所になった。

もともと、福祉と教育に興味があった、彼女はその後は学校で取れなかった単位を大学入学資格検定で取り、次の年からは京都の大学で将来は教師を目指して勉強している。少し時間はかかったものの、自分の進む道を教えてくれた「わいがや」という不思議な場所に出会えたこと、また高校時代のつらさがあったから今があると思う、と今井さんは話してくれた。

(2) 多様な可能性への入り口として

今井さんの話を聞いていてあらためて思うのは、「わいがや」という空間は実はどこまでも福祉ではなく「教育」に、とりわけ青年に軸足を置いた活動であるということ。だから、ここに関わった多くの青年たちは、ここを媒介して福祉関係の作業所や施設などで働くというのではなく、ここで出会ったことを媒介として自分自身の生き方を選びとっていく。そうした選択をしているということなのだ。

たこつぼのようで、実は大海への入り口でもある「わいがや」—青年室という活動は、今でもさまざまな可能性への入り口に位置しているといえる。「わいがや」が始まった当時のメンバーで、現在は学校で手話も教えている黒坂美智代さんは次のように書いている。

「かつて、福祉と教育の合体と言われた『わいがや』ですが、多分『わ

いがや』はそのどちらのジャンルにも収まらず、私もそのどちらも職業にはしない、と思っていました。そんなことじゃない、『ふつうらしさ』を求めていました。その基準は今も変わらず、その思いのまま、職業にもせず、手話通訳は福祉専門職ではない、という立場に妙に頑張っています。[10]」

また当時、同じように「わいがや」開設を担ったある障害をもつ青年は、スタート当初から２年間お店をほかの仲間と切り盛りをしていたが、その後、体調を崩し自宅で一人暮らしを始めざるを得なくなっていく。そんな彼にとって「わいがや」は、「存在しているだけで十分なところです。それがあることで、『わいがや』を支えている多くの人たちがいることがわかるからです。関わることによって様々な体験ができるところだし、やりたいことをどんどんやって楽しんでもらいたいのです。それが『わいがや』を、『わいがや』らしく存在させていくことであると思うからです。[11]」と述べている。

しかしながらその後、喫茶コーナーの取り組みは、こうした公民館のような社会教育の場ではなく福祉分野の取り組みとして発展していく。その理由として小林繁氏は、①公民館など社会教育施設に、こうした喫茶コーナーを設置するケースが少なかったこと、②障害をもつ人が社会教育施設に足を踏み入れるきっかけともなる、「障害者青年学級」などの障害者に向けた社会教育プログラムが、東京以外では発展していかなかったこと、一方で、③障害をもつ人の新たな福祉的就労や福祉の街づくりの象徴的な取り組みとして、喫茶が福祉や労働政策の面から注目されるようになっていったこと、などをあげている。[12]

私は、公民館職員として社会教育の場に関わった者として、社会教育がこの面で力を発揮できなかったことは残念ではあるが、少なくともこうした流れを作るきっかけになったと自負している。

第6節　さまざまな居場所、コミュニティカフェへ

　国立市公民館「わいがや」の原型は、イギリスの「コーヒーハウス」をモデルにしていると考えられているが、いくつかの「コーヒーハウス」に関する著作がある小林章夫氏は当時のパンフレットを引用しながら、パブに比べてコーヒーハウスがいかに優れているかについて３つの理由をあげて説明している。

　いわく、第一にパブと比較して値段が安い。第二に酒がないのでまじめな雰囲気があり、まじめに商談にも取り組める。そして第三に楽しめるという利点がある。仲間にも会えるし、自由に歓談ができるというわけだ。[13]

　またところ変わってイタリアでは、コーヒーを飲む場所として「バール」が独特の発展を遂げてきている。その歴史的経過については、イタリアの食に関する取材を続けている島村奈津氏の著書に詳しいが、その中から我々の目指す「喫茶コーナー」のヒントになる記述を紹介してみたいと思う。[14]

　「バール」と名付けられた地域の居場所は、もともとコーヒーや紅茶を出すだけでなく、バスのチケットも販売すれば、新聞も販売する、田舎の雑貨店のようなものだ。イタリアでは、法律で24時間営業は禁止されているため、日本のようなコンビニができない。その代わりバールが生き残っているというわけだ。ちなみに日本には2011年８月現在で、43985軒のコンビニが存在する。

　バールで変わり種は、「チルコロ」という名前の店で、トスカーナの峠にあるという。ここはバールだけでは収益を上げることができず、そのため村人が月に一度ずつ、交代で運営するというものだ。地域の人が毎日交代で店に入りながら、障害をもつ人たちと一緒になって店を切り盛りするという形態は、西東京市や国分寺、国立市といった公民館で始まった喫茶

コーナーでは普通に取り組まれている運営形態でもある。

　そしてバールの持ち味として、島津氏は以下のことをあげている。①寄合どころとして、②口コミ文化の拠点、③街の顔であり、共同体の入り口、④人間観察と物色の場、⑤一服できるコンビニエンスストア、⑥わがままな注文ができる、⑦多様性という強み、⑧絶景スポットとの融合、⑨あらゆる異業種と合体していく。これらのひとつひとつを考える時、喫茶コーナーと公民館という古くて新しい広場やコミュニティを、我々は喫茶コーナーを通じて見通すことができるのではないだろうか。

　ヨーロッパの事例ばかりを紹介してきたが、日本にもこうしたコミュニティを核とした「カフェ」は以前から存在している。全国のコミュニティカフェに詳しい久田邦明氏は、その著書の中で、四国、中国、九州地方に点在している茶堂の系譜を持つ「コミュニティカフェ」に注目して、次のように記している。すなわち、「コーヒーハウスやカフェやバールや茶館のような海外の事例をお手本にするまでもなく、茶堂のような伝統社会の住民施設を手掛かりにして、地域社会に公共的な意味合いを持った空間を創造するという途が考えられる(15)」と。

　かつては、若衆宿(16)などを通じて社会的ルールを学んだり、先輩からの話を聞く機会があったものが近代に入り消えてしまったこと、子育てで悩んでいても近くに相談できた時代ではなくなってしまったことなどから、あらためて擬似的なコミュニティを誰かがつくらなければならない状況があり、その意味で「コミュニティカフェ」には大きな期待が寄せられているといえる。

　それに加えて、障害をもつ人が働く喫茶コーナーは、障害という社会的なハンディがある人が働いているからこそ、そうした新しいコミュニティづくりの中核に位置することに大きな意味があるのだと思う。

当初、「喫茶コーナー」という「仕掛け」が様々な可能性を開いてくれるのではないか、と国立市公民館で始めた青年たちは考えた。30年を経て、仲間であった障害当事者にとって社会の出窓として確かに「喫茶コーナー」が果たした役割は大きい。「喫茶コーナー」は、外に出ることの少なかった障害をもつ人の働く場・社会参加の機会を提供するだけでなく、地域の人々が障害をもつ人と出会うきっかけを提供し、なおかつ地域住民もまた、そこで一緒に働くことで、またはコーヒーを提供されることで、仲間になっていった。この「仕掛け」は、いろいろな青年や地域の人々の力を通じ、教育と福祉を結ぶ橋渡しを演じているといえる。

　「孤独死」が問題になる時代に、かつては農村的なコミュニティを嫌い自立した「個」を求めて都会に出て行ったはずの人々が、「高齢化社会」の中で行き場を失いつつあるように筆者には映る。そうした中、今まで述べてきた「喫茶コーナー」を取り巻く人々などの例のように、地域の「出窓」である「喫茶」と人々との関係を紡ぎ出すことを通じ、新しいコミュニティの創造が我々には今求められているのではないだろうか。

<注>
（1）平林正夫「『たまり場』考」、長浜功編『現代社会教育の課題と展望』明石書店、1986年、p.154
（2）障害者自立支援法にもとづく就労継続支援のための事業所であり、この事業所の形態にはA型とB型の二種類がある。A型は障害当事者と雇用契約を結び、原則として最低賃金を保障する仕組みの雇用形態である。それに対してB型は雇用契約を結ばず、利用者は比較的自由に働けるが、その分最低賃金だけではなく社会保険の加入も保障されないなど、労働条件としてはA型よりも劣る。
（3）全国の喫茶コーナーの取り組みおよびこれまでの全国喫茶コーナー交流会の経緯などについて詳しくは、障害をもつ市民の生涯学習研究会編『障害をもつ人が主役の喫茶コーナーがひらくひと・まち・くらし』ゆじょんと、2001年、

を参照。
（4）アビリンピック（ABILYMPICS）とは、アビリティ（能力）とオリンピックとを合わせた造語で、全国障害者技能競技大会の愛称。アビリンピックは、国内の15歳以上の障害をもつ人が日頃職場などで培った技能を競うことにより、障害者に対する社会の理解と職業能力の向上、社会参加の促進を図ることなどを目的として、1972年から開かれている。近年では、CADやデータベース、ホームページ、コンピュータプログラミングといったIT関連を加えた職種が実施されてきており、その中に知的障害をもつ人の喫茶サービスが入っている。
（5）「全国喫茶コーナー交流会」最近の主なプログラムは、以下の通りである。

- 第20回（2008年）
アビリンピック国際大会喫茶サービス部門報告／事例発表「わたしのお店」①わいがや（東京都国立市）②ほんだ（東京都国分寺市）③寒天茶房遊夢（東京都多摩市）④ぴっころ（千葉県市川市）⑤もっこす（神奈川県鎌倉市）／分科会　①「コーヒーの魅力アップ講座」うちの味を作る②「行列のできる喫茶よろず相談所」　③「ワークショップバーチャル体験！　お店を選ぶお客様の視点は？」

- 第21回（2009年）
アビリンピック千葉大会喫茶サービス部門報告／事例発表「わたしのお店」①ブルーバード（東京都立青鳥特別支援学校）②NPO法人JOY（東京都世田谷区）③れすと（東京都多摩市）④じょいんと・ほっと（京都市）／精神障害者の喫茶コーナー調査報告／分科会①「心あたたまる　メニューのつくり方」②「楽しく長く続ける学び続ける」③「そもそも喫茶って何だ？」

- 第22回（2010年）
アビリンピック茨城大会喫茶サービス部門報告／事例発表「わたしのお店」①東京都内の特別支援学校②アンシェーヌ藍（東京都世田谷区）／分科会①「愛と正義と勇気の話」②「地域とつながる」ダイニング街なか③「見て！　聞いて！うちのお店はこんな店」

- 第23回（2011年）
アビリンピック神奈川大会喫茶サービス部門報告／事例報告①自家焙煎珈琲「岩手珈琲物語」（県内7つの障害者施設の取り組み）②特別支援学校の取り組み（東京都立青鳥特別支援学校）／分科会①明星大学－喫茶コーナーの取り組みを中心に②他店の成功事例失敗事例に学ぶ③国分寺からの報告／最近の喫茶事情から

- 第24回（2012年）
  基調講演　販売を創り出す事へのチャレンジ：社会福祉法人杜の会ＳＥＬＰ・杜の取り組み（ＳＥＬＰ・杜トータルコーディネーター　加藤清子さん）／分科会①震災を乗り越えて：岩手県の取り組みから（ファーム仁王所長　利府みちるさん）②話し合おうお店の自慢とお店の相談（コーディネーター：喫茶コーナー交流会実行委員:吉田祥子③メニューの磨き方（コーディネーター:飲食専門誌ライター　渡辺康子）

（6）全国特別支援学校知的障害教育校長会ほか編『接客サービス：キャリアトレーニング事例集Ⅲ』ジアース教育新社、2010年

（7）1952年に、滋賀県立信楽寮、身体障害厚生指導所（現在の滋賀県立信楽学園）で生活し指導を受けていた知的障害をもつ青年たちの保護者がお金を出し合ってつくった寮舎がその始まり。1969年には、精神薄弱者更生施設を設置して社会福祉法人しがらき会信楽青年寮となり、その後社会福祉法人しがらき会信楽青年寮授産部と信楽青年寮更生部の２つの施設がつくられる。

（8）『第32回全国障害者技能大会障害者ワークフェア2010報告書』、独立行政法人高齢・障害者雇用支援機構、2011年

（9）前掲『接客サービス：キャリアトレーニング事例集Ⅲ』、p.8

（10）障害を越えてともに自立する会編『わいがや20周年記念冊子』、国立市公民館、2003年、p.10

（11）同上、p.11

（12）小林繁『障害をもつ人の学習権保障とノーマライゼーションの課題』れんが書房新社、2010年、p.213

（13）小林章夫『ロンドンのコーヒーハウス』PHP文庫、1994年、p.45

（14）島村菜津『バール　コーヒー　イタリア人』光文社、2007年、p.31

（15）久田邦明『生涯学習論』現代書館、2010年、p.223

（16）近世の村社会において存在した年齢集団の一つであり、ほかに若者衆や若者組などとも呼ばれていた。役割としては、そこに寝泊まりしたり、共同で作業したりするといった集団生活を基盤にしながら、地域社会を支えるとともに、次の世代を育成する集団として、重要な教育的機能を有したとされる。

第3章　障害のある人の就労支援と学習

小松邦明

第1節　障害者雇用の現状と推移

(1) 障害者雇用の状況

障害別に見た就職件数の推移

　平成22年度には身体障害、知的障害、精神障害その他の合計で、初めて就職件数が5万人を超え、これは10年前に比べて約2倍になっています。すべての障害の就職件数が増加していますが、障害別に見ると、図1のように身体障害はやや減少傾向、知的障害はほぼ横ばい、精神障害は右肩上がりといえると思います。その中で最も就職件数が多い身体障害は、この10年間で6000人増加して、全体の約半数の2万4000人となっています。知的障害も6000人余増加して、約1万3000人となっています。

　この10年間で最も就職件数が増えたのが、精神障害です。10年前は2000人に満たなかったのですが、平成22年度には約10倍の1万4000人となり、初めて知的障害を超えました。2006年に「障害者の雇用促進等に関する法律」（以下「障害者雇用促進法」という）の改正があり、精神障害を障害者の雇用率にカウントできるようになってから、就職件数が急速に伸び始めました。

　1週間の勤務時間数などを配慮して雇用を開始することで、十分に戦力として働けると企業は考え始めています。実際にハローワーク主催の就職面接会などに参加すると、採用に不安があるとする企業の採用担当者がい

る反面、仕事内容から身体障害者、または精神障害者を採用したいという担当者が何人もいました。

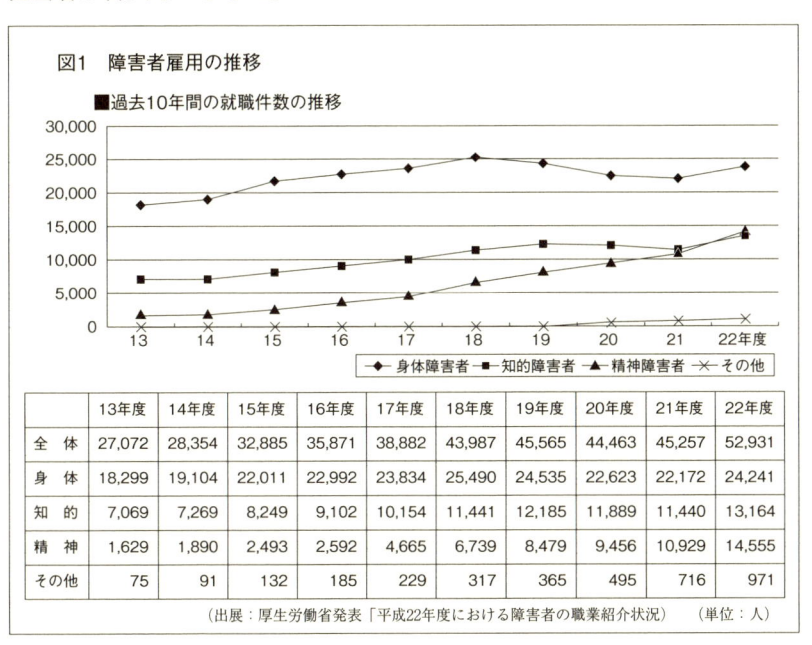

図1　障害者雇用の推移

■過去10年間の就職件数の推移

	13年度	14年度	15年度	16年度	17年度	18年度	19年度	20年度	21年度	22年度
全　体	27,072	28,354	32,885	35,871	38,882	43,987	45,565	44,463	45,257	52,931
身　体	18,299	19,104	22,011	22,992	23,834	25,490	24,535	22,623	22,172	24,241
知　的	7,069	7,269	8,249	9,102	10,154	11,441	12,185	11,889	11,440	13,164
精　神	1,629	1,890	2,493	2,592	4,665	6,739	8,479	9,456	10,929	14,555
その他	75	91	132	185	229	317	365	495	716	971

（出展：厚生労働省発表「平成22年度における障害者の職業紹介状況」）　（単位：人）

雇用率の推移

　なぜ、企業は障害者を雇用するのでしょうか。その理由は企業によって様々ですが、障害のある人が戦力となることがわかり、積極的に雇用に取り組む企業もたくさんあります。また少子高齢化社会になり、障害の有無や年齢に関係なく誰もが働きやすい職場環境をつくりたいとかCSR（企業の社会的責任）を果たすためと考えている企業もあります。

　ただ、やはり一番大きな理由は、障害者雇用率を達成するというコンプライアンス（法令遵守）の観点によるものです。企業は「障害者雇用促進法」により、常用雇用者56人に1人（1.8％）障害者を雇用する義務があり

ます。いつまでも雇用率について改善が見られない場合には、企業名公表という行政処分が科され、それを避けるために障害者雇用に取り組むという企業が多いのが実状です。

ここ10年間の雇用率の推移を見てみると、図2のように平成16年度までは上がったり下がったりを繰り返していましたが、その後は毎年0.03～0.04ポイント上がり、22年度には初めて0.05ポイント増加して1.68％となりました。しかし障害者雇用率を達成している企業は全体の47％。まだ半分以上の企業が雇用率を達成していないことになります。

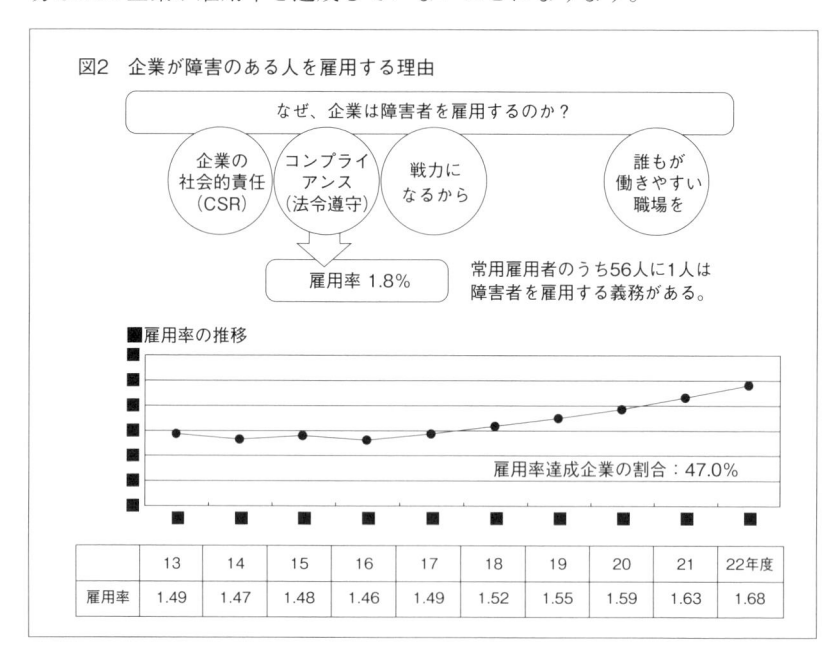

図2　企業が障害のある人を雇用する理由

なぜ、企業は障害者を雇用するのか？

- 企業の社会的責任（CSR）
- コンプライアンス（法令遵守）
- 戦力になるから
- 誰もが働きやすい職場を

雇用率 1.8％

常用雇用者のうち56人に1人は障害者を雇用する義務がある。

■雇用率の推移

雇用率達成企業の割合：47.0％

	13	14	15	16	17	18	19	20	21	22年度
雇用率	1.49	1.47	1.48	1.46	1.49	1.52	1.55	1.59	1.63	1.68

規模別に見た障害者雇用の状況

平成22年度の企業の従業員規模別雇用率は、図3のとおりです。従業員規模が小さくなるほど雇用率は低くなっており、56～99人の企業では1.42％です。14年度までは、1.7％以上と最も高かったのですが、不景気な

どの影響を受けてか少しずつ減少しています。それに対して、1000人以上の企業は雇用率を伸ばしていて、14年度以降最も高くなりました。22年度には1.90％と1.8％を超え、半分以上の企業が雇用率を達成しています（55.6％）。

　この躍進の原動力となったのが、特例子会社の制度です。大企業はたくさんの子会社を持っており、子会社も会社である以上、雇用率の対象となります。ただ子会社すべてに車椅子でも仕事ができるエレベーターなどの設備を整えたり、障害のある人が安心して仕事ができるよう人的体制を整えたりすることは不可能です。そこで物的・人的な面から障害のある人に配慮した子会社が、親会社と一定の関係があること、一定数以上の障害のある人を雇用することなどの条件を満たす場合に、すべての子会社を含む会社全体で雇用率を換算してよいという制度をつくりました。それが特例子会社と呼ばれるもので、2011年5月現在318社。その中には100人以上の障害のある人を雇用している会社もあります。

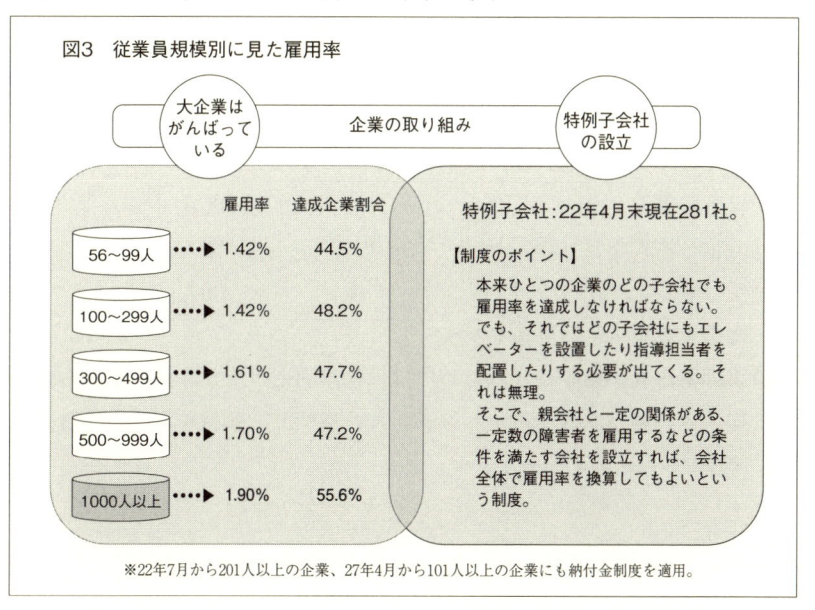

図3　従業員規模別に見た雇用率

大企業はがんばっている

企業の取り組み

特例子会社の設立

規模	雇用率	達成企業割合
56～99人	1.42％	44.5％
100～299人	1.42％	48.2％
300～499人	1.61％	47.7％
500～999人	1.70％	47.2％
1000人以上	1.90％	55.6％

特例子会社：22年4月末現在281社。

【制度のポイント】
本来ひとつの企業のどの子会社でも雇用率を達成しなければならない。でも、それではどの子会社にもエレベーターを設置したり指導担当者を配置したりする必要が出てくる。それは無理。
そこで、親会社と一定の関係がある、一定数の障害者を雇用するなどの条件を満たす会社を設立すれば、会社全体で雇用率を換算してもよいという制度。

※22年7月から201人以上の企業、27年4月から101人以上の企業にも納付金制度を適用。

(2) 障害者雇用に関する制度と社会資源

　このように多くの障害のある人が働けるようになったのは、企業と障害のある人のがんばりが大きいのですが、障害者雇用に関する制度や社会資源が整備されたことも一つの要因といえます。主な制度や社会資源のポイントを見てみましょう。

①トライアル雇用

　正式に雇用する前に最長３カ月間、試しに雇用することができる制度で、障害のある人も企業担当者もその期間中に、本当に就職・雇用したいかを確認できるというメリットがあります。正式に雇用に至らなかった場合でも、解雇ではなく期間満了による雇用契約の終了となるので、障害のある人にも企業にもダメージが少ないといわれています。実施企業には、１人当たり月４万円が支給されます。

②職場適応援助者

　国が定めたジョブコーチの制度で、一定の要件を満たした社会福祉法人などの職員が研修後にジョブコーチをすると、一定の金額が社会福祉法人などに支給されます。2009年度末現在、全国で1061人の職場適応援助者が活躍しており、その内訳は、以下のとおりです。

　　障害者職業センター　　　　　　　　　　　306人
　　社会福祉法人など（第１号ジョブコーチ）　689人
　　企業（第２号ジョブコーチ）　　　　　　　66人

③障害者就業・生活支援センター

　障害のある人が働き続けるためには、仕事面だけでなく生活面も一体的に支援する必要があることから設置された機関で、2011年度４月１日現在で、全国に300センターあります。

第2節　ジョブコーチとは

(1) ジョブコーチモデル

　障害者雇用に関する制度や社会資源の中で、最も有効だと思われるのがジョブコーチです。以前はレディネスモデルという、評価と訓練を重視したプログラムでした。それは、施設の中で、障害のある人に対して苦手な部分を発見して訓練・改善するなど、準備性を高めてから就職を目指すというものでした。ただこの方法では、重度の障害のある人は就職まで何年かかるかわからないし、せっかく百までの数字を数えられるようになっても、職場にそうした仕事がなかったり、機械が数えてくれたりということもあります。また機械を操作できるようになったとしても、実際の職場にある機械が訓練した機械とボタンの配置や操作方法が微妙に異なる場合もあり、そうすると、また一から覚えなければなりません。

　それよりも障害のある人が今持っている力で就職を目指そうというのがジョブコーチモデルです。障害のある人が訓練してから就職を目指すのではなくて、就職してから仕事を覚えるほうが有効だと考えられたのです(On the job training)。そうすると、障害のある人に対して支援するだけではなくて、職場の担当者や従業員に対しても、障害のある人の特性やわかりやすい教え方を伝えるなどの支援が必要になります。また今ある力で就職を目指すので、今どんな力を持っているのか、企業の職場のどの仕事ができるかをよく知ることが重要になってきます。

(2) ジョブコーチのプロセス

　では、ジョブコーチはどのような流れで支援するのでしょうか。図4のように9つのプロセスごとに述べたいと思います。

図4 ジョブコーチのプロセス

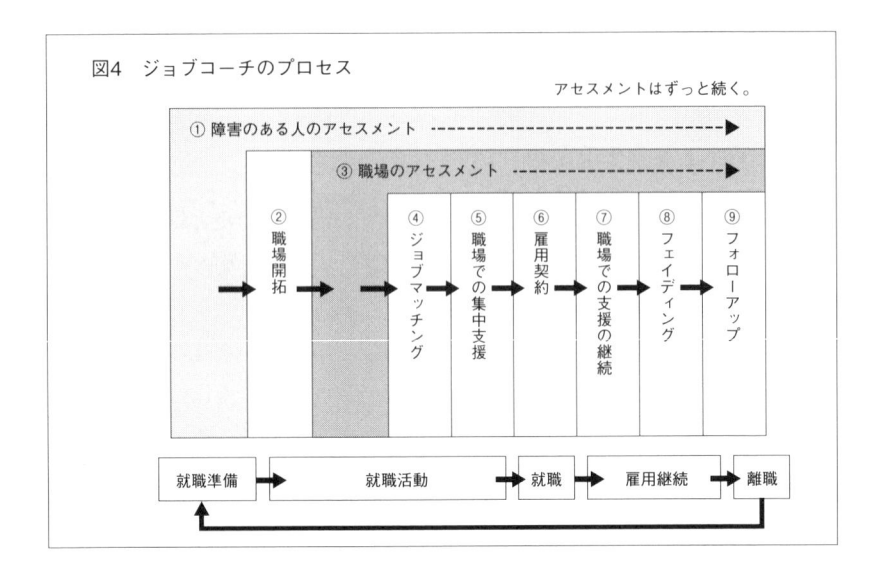

```
アセスメントはずっと続く。
①障害のある人のアセスメント ────────────────▶
         ③職場のアセスメント ──────────────▶
   ②職場開拓 → ④ジョブマッチング → ⑤職場での集中支援 → ⑥雇用契約 → ⑦職場での支援の継続 → ⑧フェイディング → ⑨フォローアップ

就職準備 → 就職活動 → 就職 → 雇用継続 → 離職
```

①障害のある人のアセスメント

　障害のある人ができること、できないこと、できないことはどのようにしたらできるのかについて知り、それを障害のある人とジョブコーチが共有します。障害のある人が今ある力で就職を目指すための出発点となるとても大切なプロセスです。

　②職場開拓

　障害のある人のできることが活きる職場を、ハローワークの求人票などから探します。

　③職場のアセスメント

　職場が見つかったら、その職場の仕事内容や一緒に働く人、その他の職場環境が障害のある人に適しているかどうか調べます。有効な方法は、ジョブコーチがその職場で数日間実際に仕事をさせてもらうことです。私も実際にいろいろな会社の職場で、あるときは障害のあるAさんを、あるときは障害のある人全般を想定しながら、ジョブコーチとして研修をしま

した。本社ビルでの郵便物の仕分け、カジュアルショップでの店内清掃やGパンたたみ、ファミリーレストランでの食器洗浄や調理補助など。「この人がキーパーソンになりそうだ」「宛先がはっきりわからない郵便物が、思ったよりたくさんある。何らかの工夫が必要だ」「職場が暑くて大変だ。Aさんは耐えられるか」というようなことを考えながら、職場の仕事や環境について調べます。

④ジョブマッチング

障害のある人と職場の両方のことがわかったら、それがマッチしているか、どのような工夫や改善をすればマッチするのかを考えます。企業の担当者と調整して仕事内容を一部変更したり、清掃道具をまとめて置くなど、環境を整備してもらったりすることもあります。

⑤職場での集中支援

障害のある人が就職する前に2週間程度の職場実習をすることがあります。実際に働いてみることで、障害のある人も職場の担当者もこの職場で働けるかどうか確認できます。この間のジョブコーチの支援は、1週目は初日と2日目と金曜日（週最終日）、2週目は状況を見ながら週2～3回、1回半日程度が標準的です。

また、現段階での仕事や職場生活の状況と課題を障害のある人や職場の担当者に伝えて、対策を話し合います。もし障害のある人にとってむずかしい仕事がある場合には、実施方法を工夫します（例えば、10数えられない人には、10入れられる容器を準備してそれに入れて数えるなど）。このようにして、障害のある人が働くことができるために集中的に支援するのです。

⑥雇用契約

労働条件などの確認のために、必要であればジョブコーチは雇用契約にも立ち会います。そして今後のステップアップに向けて、取り組む課題や支援内容について話し合うこともあります。

⑦職場での支援の継続

ジョブコーチがいなくても、障害のある人と職場の担当者とで仕事や職場生活が行えるようにするのがジョブコーチの役割です。職場の担当者と障害のある人との相談日を定期的に設けてもらうなど、職場でできるしくみや形をつくっていきます。

⑧フェイディング

ジョブコーチは職場での支援を継続しながら、計画的に少しずつ職場から離れていきます。具体的には、障害のある人を見守る位置を少しずつ離したり、訪問頻度を2週間に1回、1カ月に1回と徐々に少なくしたりします。ジョブコーチがいなくても障害のある人と職場の担当者が自分たちでできる（ナチュラルサポート）という自信を持ってもらうことがポイントです。

⑨フォローアップ

ジョブコーチがまったく支援しなくなるわけではありません。店長やキーパーソンだったパート従業員が人事異動したり、仕事の内容や方法が変わったりすることがあります。障害のある人は一般的にそのような変化が苦手です。そこで、ジョブコーチは定期的に職場訪問して仕事の様子を見たり、障害のある人や職場の担当者から話を聞いたりして、状況を早めに把握し、問題を早期に解決するように努めます。

また働き続けるためには、仕事面だけでなく生活面も大切です。体調や生活の変化が仕事に影響しやすい人が多いので、職場と家庭の間に入って地域の社会資源を活用するための調整やアドバイスもします。障害のある人が「働きたい」「働き続けたい」と思っている間はずっと、ジョブコーチの支援は続きます。

ジョブコーチは、「ジョブ」の「コーチ」、つまり、職場で仕事を教える人のように思われますが、そうではありません。障害のある人のアセスメントからフォローアップまで一貫した支援を行うことで、障害のある人が

働くことを通じて成長し、地域で安心して豊かな生活を送ることを支援していくのです。

(3) ジョブコーチの役割

「ジョブコーチって何ですか？」と聞かれたら、私は「通訳です」と答えるようにしています。外国人が働くときに大切な場面では通訳を活用するように、特に重度の障害のある人が働くときにはジョブコーチが有効です。

就職して働き続けるためには、「自分の適性を知る」「ハローワークの求人情報、会社のホームページ、企業説明会から情報を収集する」「会社を見学したり、先輩に話を聞いたりして会社を調べる」「自分に適しているかどうか調べる」「雇用契約にあたり企業の担当者と労働条件の交渉をする」「仕事の変更や人事異動など環境の変化に対応する」「仕事に備えて生活や健康を考える」などが必要です。でも、障害のある人はこれらのことを自分で行うことがむずかしい場合が多いようです。

一方、企業の担当者も障害のある人に会ったことがなければ、教え方や接し方、できる仕事もわからなくて不安がいっぱいです。雇用したくてもふみ切れないというケースを、私もたくさん見てきました。このように障害のある人も企業の担当者もお互いに不安なままでは、なかなかよい就職（雇用）に結びつきません。そこで、障害のある人のことも企業のこともよく知っているジョブコーチが間に入って、一緒に、あるいは代わって伝えることでお互いの不安を解消し、「働きたい」と「採用したい」を実現するのです。

図5 ジョブコーチは、通訳

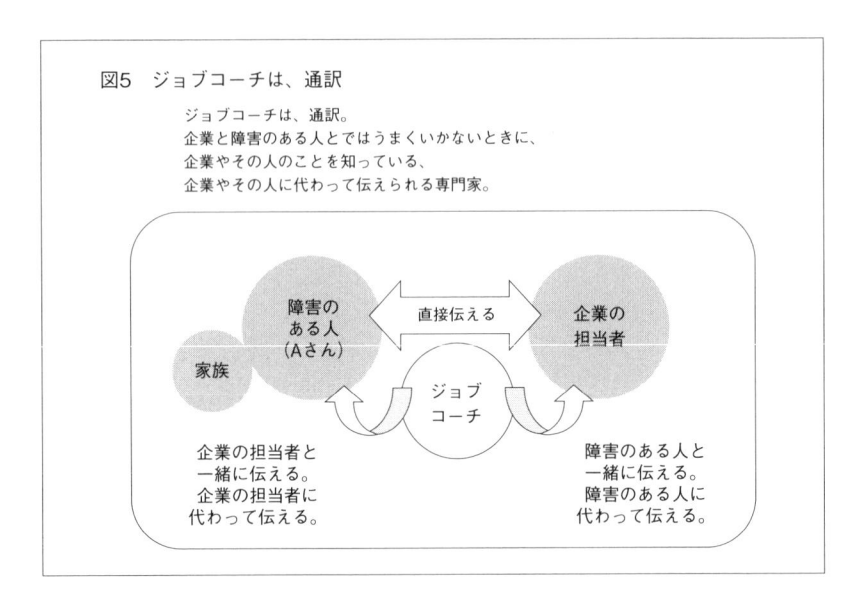

ジョブコーチは、通訳。
企業と障害のある人とではうまくいかないときに、
企業やその人のことを知っている、
企業やその人に代わって伝えられる専門家。

家族 — 障害のある人（Aさん） ⇔ 直接伝える ⇔ 企業の担当者
ジョブコーチ

企業の担当者と一緒に伝える。
企業の担当者に代わって伝える。

障害のある人と一緒に伝える。
障害のある人に代わって伝える。

(4) ジョブコーチの今後の課題

　ジョブコーチというのは、障害のある人の就労を支援する技術や手法または制度のことをさします。現在のところ資格ではありません。日本では、先に述べた「職場適応援助者」というジョブコーチの制度があり、国の独立行政法人である「高齢・障害・求職者雇用支援機構」の研修を修了した「職場適応援助者」が、障害者職業センター、障害者就業・生活支援センター、就労移行支援事業所などに配置されています。

　また「職場適応援助者」ではなくても、地域の作業所、事業所、病院などの様々な機関の職員が自称ジョブコーチとして、障害のある人の就労支援に携わっています。

　ジョブコーチは本来、重度障害者が働けるようにするための手法や技術であり、重度障害者ほどジョブコーチのプロセスに沿っていねいに進めていくことで、高い効果をあげられることを私は経験上知っています。

今までは雇用する企業側の不安が強かったこともあり、比較的軽度の障害のある人がジョブコーチの支援を受けて就職していきました。今後は、ジョブコーチの手法や技術を活かして重度の障害のある人も地域で働くことを通じて成長して、地域で安心して生活することができるようにしていく必要があります。そのためには遠距離の通勤ができなかったり長時間働けなかったりする重度の障害のある人に適した地域の企業や事業所の開拓や仕事の切り出しが不可欠となります。また仕事をわかりやすく教える技術も必要になるため、まずジョブコーチ自身がその手法をきちんと理解して、技術を磨いていくことが求められます。

第3節　働くために、働き続けるために

(1) 私たちが働く理由

　私たちは、なぜ働くのでしょうか。障害のある人やその家族の「働いてもつらい思いをするだけで、それだったら無理に働く必要はないのでは……」という気持ちに対して、私たちはどのように答えていけばよいのでしょうか。
　私が今ジョブコーチとして働くようになったのは、上司から命じられたからで、ジョブコーチをしたいと思っていたわけではありません。しかし今もジョブコーチの仕事を続けていますし、生まれ変わってもこの仕事をしたいと思っています。それは、この仕事をすることでたくさんの人に会うことができ、あの人のようになりたいという人に出会えて、真似をしたいとがんばり続けることで、少しは自分でも成長したと思うからです。
　働く理由、働き続ける理由は人によって異なってよいわけですが、私は障害のある人にもそのような体験をしてほしいと思ってこの仕事を続けています。企業で働くことが一番よいことだとは思いませんし、障害のある人全員が企業で働けるとも思いません。でも、企業で働くことでたくさん

の人と出会うことができます。今まで企業で働く機会やきっかけが少なかった人たちに、その人に適した機会やきっかけをつくって、「働くってつらいこともあるけど、働いてよかった」と思ってもらい、その上で自分のやりがいを見つけて、豊かな人生を送ってほしいと願っています。

では、「働く理由」「働き続ける理由」をどのように見つけていけばよいのでしょうか。そして支援者はどのように寄り添っていけばよいのでしょうか。

(2) 働く理由とその身につけ方

私は働く理由を次の4段階で考えていく必要があると思います。それは、「好きなこと、やりたいことを見つける」「仕事をする意欲」「働く理由」「働き続ける理由」です。

好きなこと、やりたいことを見つける

まず自分の好きなこと、やりたいことが見つかることで、具体的にその仕事をしたいという意欲がわきます。また好きなこと、やりたいことを見つけることが「働きたい」そして「働き続けたい」という気持ちにつながっていきます。

好きなこと、やりたいことを見つけるためには、いろいろなことをやってみる必要があります。やってみないと好きかどうかわからないし、やってみることでどこが好きかわかります。たいていの場合、意欲がわいたから取り組んだのではなくて、取り組んだからこそ意欲がわいたのです。好きなこと、やりたいことを見つけることは、試合数の決まっていないリーグ戦のようなもので、負けたら終わりのトーナメントではありません。公式戦の前にはオープン戦もあります。まずは、やってみることが大切です。

仕事をする意欲

仕事をする意欲を持つためには、その仕事の工程、量、締め切り、自分の役割などがわかることが必要です。ある特別支援学校の事例で見てみましょう。

その学校から依頼されて、作業学習の授業の進め方を一緒に考える機会がありました。中・重度のクラスの授業を見学したときに、機械を使って機織りをしている生徒と文化祭で販売するビーズ製作をしている生徒がいました。ビーズ製作班の中には、作業に集中できずに手を止めている人や席を立ってうろうろしている生徒がいたのですが、その様子を見ていて次のように思いました。

機織りは自分の作品を作るので、作業の進行状況がわかりやすいし、作業意欲や達成感が得やすい作業です。それに対してビーズ製作はたくさんの人が関わり、自分はその工程の一部だけに関わることが多いため、全体の作業内容や進行状況がわかりにくく、作業意欲や達成感を得にくい作業です。このようなタイプの作業は、全体としてどのような仕事なのか、今日はどの部分を行っているのか、自分はその中のどの部分を担当しているのか、今どのくらい完成していて、あとどのくらい残っているのかについて生徒一人ひとりにわかる工夫が必要だと思いました。そこで私は、担任の先生にこのことを伝え、次の3つのことを提案しました。

- 作業全体の進行表を作成して、教室に貼り進行状況を記入する。
- 生徒一人ひとりの役割分担がわかるような表を掲示する。
- 各自の業務日報に今日行った作業の個数をわかりやすい方法で記入する。

先生は早速図6-1のような役割分担をホワイトボードに記入し、出来高進行表を作成して掲示しました。それには「がんばろう！ めざせ150個！」という目標とビーズ製作の工程が書いてあり、図6-2のように今日の出来高を工程ごとに5個単位で○をつけるようになっています。そして生徒は業務日報の自分が関わった工程の欄に作った個数を記入します。

図6-1 役割分担表と出来高進行表

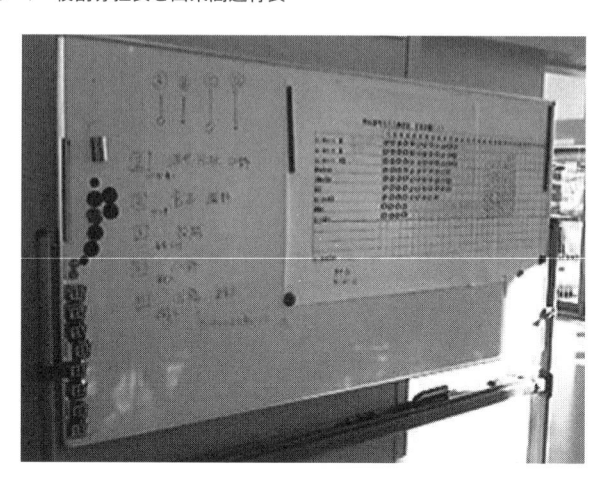

図6-2 工程ごとの進行や目標達成状況がわかりやすい

図6-3　出来高進行表とリンクした業務日報

ポイント1
今日自分が
どの工程にたずさわり
いくつ作ることが
できたのかを
授業終了時にふりかえる。

ポイント2
出来高進行表と
リンクしているので
中・重度の生徒にも
わかりやすい。

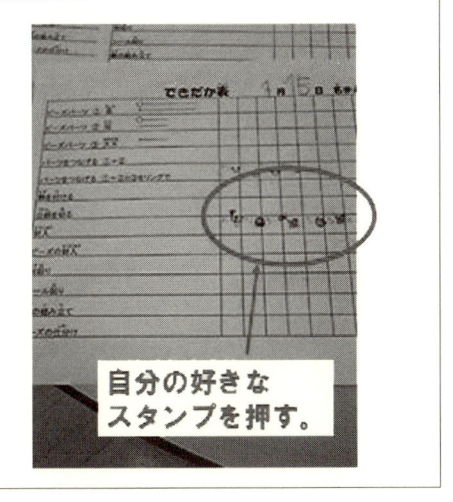

自分の好きな
スタンプを押す。

　生徒にはスタンプが用意されていて、図6-3のように自分の好きなスタンプとインクの色を選んで業務日報に押していきます。出来高進行表とリンクしているので、中・重度の生徒にもわかりやすくなっています。先生は、授業の最後に出来高進行表の貼ってあるホワイトボードの前に生徒を集めて、今日作成した個数を○で記入し、あといくつ作ると目標を達成するのかを示します。「今日で150個完成。目標達成です」と先生が発表したときに、ホワイトボードの前に集まった生徒からは「やったあ」と歓声が上がっていました。

働く理由

　働くときに他のことより優先したり大切にしたりすることは、人によって異なります。「美しいものや新しいものを創り出す」「達成感を味わう」「人の役に立つ」「たくさんのお金を得る」「自分の望む生活をする」「社会的評価を得る」「わくわくする体験を持つ」「いろいろな人との接点を持

つ」など様々です。正解はありません。支援者は障害のある人の話をよく聞いて、一緒に考えていくことが求められます。また、障害のある人がどんなことを大切にして働くタイプなのかを、日頃の作業や生活の場面などを通じて知っておくことも重要です。

　働く理由は「好きなCDを買いたい」でもよいと思います。でも好きなCDを全部買ってしまったら、もう働かなくてもよいのでしょうか？

働き続ける理由

　私は、働き続けるためには物の豊かさではなくて、つながりの豊かさが必要だと思います。会社で働くことで同じ部署の人、食堂のパートさん、守衛さんなど毎日たくさんの人と会います。地域でも隣近所の人、通勤時に毎日声をかけてくれる駅員さん、福祉事務所の相談員など。その人たちから「がんばってるね」「助けてくれてありがとう」と声をかけられることで、自分がこの職場や地域にいてもよいんだと実感でき、その役割を果たそうとがんばることができる。存在感を一番感じるのは、「ありがとう」と言われたときです。職場でも、地域でも、家庭でも「ありがとう」がたくさん飛び交うことで、障害のある人はつながりを感じることができ、働き続けることができるのだと思います。

　ただ、いくら毎日「ありがとう」と言われてがんばっていても、仕事のことで怒られるとモチベーションが一気に下がってしまって、出勤したくなくなることがあります。だから「ありがとう」は目に見えるカタチになっていて、それを見ることで自分の存在感を再確認できるようになっていることが必要です。

　ある職場の休憩室の壁にたくさんの写真が貼ってありました。社員旅行の時の集合写真、自分の家で飼っている犬の写真などに交じって、障害のある人と上司が並んで笑顔で写っている写真が1枚。つらいときにはそれを見ることでがんばれると思いました。

またある保育園では、業務日報に「今日は〇〇をしてくれてありがとう」「明日もがんばって仕事しようね」など、その日の業務について職員がコメントを書くようになっていました。以前は交換日記のようなものだったそうですが、今の園長先生が業務日報の形式に切り替えたそうです。そうすると仕事中に怒られて落ち込むことはあっても、ほかの職員に対して謝ったり自分から挨拶したりするようになったそうです。毎日業務日報を書くときに読み返すことで、自分がこの職場で認められていると感じるのだと思いました。

(3) 職業スキルとその身につけ方

就労に必要な5つのこと

　「働く」「働き続ける」ためには、「働く理由」に加えて次のことが必要です。図7は「就労準備性ピラミッド」と呼ばれているものです。「心と体の健康管理」「日常生活管理」「対人スキル」「基本的労働習慣」「職業適性」の5つの項目が、下から順番にピラミッド状に積み重なっています。どんなに適した職業に就いたとしても、心と体の健康管理、日常生活管理、対人スキルが備わっていないと働き続けることはむずかしいということをこのピラミッドは表しています。

　障害のある人の職業適性や基本的労働習慣については、就職した後は毎日顔を合わせている職場の担当者の方がフェイディングしていくジョブコーチよりもよく知っています。ただ、会社を一歩外に出ると担当者の目は届きません。職場の担当者にそんな余裕はないのです。例えば、職場の担当者から注意されて謝ることができなくて、「あの人がいる日は出勤したくない」と言って無断欠勤が続き結果的に退職してしまったAさんや体調がよいと思って服薬をやめて体調を崩してしまったBさんのように、仕事はしっかりできるのにもかかわらず、健康管理、日常生活管理、対人スキルがうまくいかなくて退職してしまった人を私は何人も見てきました。

それゆえ、この3つの力を障害のある人が地域で身につけられるように、支援者が支援する必要があるのです。
　就労準備性の項目ごとの主な内容は、図8のとおりです。■印の項目は、私が実際に障害のある人を支援してきて、大切だと感じたものです。

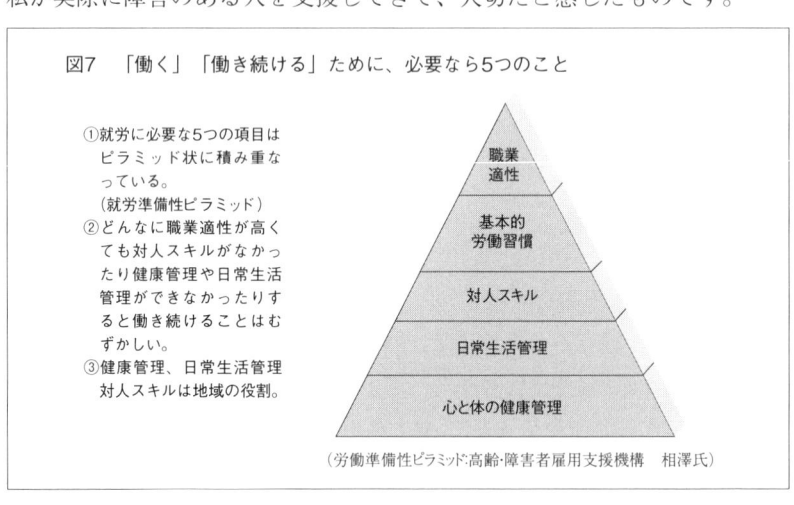

図7　「働く」「働き続ける」ために、必要なら5つのこと

①就労に必要な5つの項目はピラミッド状に積み重なっている。
（就労準備性ピラミッド）
②どんなに職業適性が高くても対人スキルがなかったり健康管理や日常生活管理ができなかったりすると働き続けることはむずかしい。
③健康管理、日常生活管理対人スキルは地域の役割。

（ピラミッド上から下へ）
職業適性
基本的労働習慣
対人スキル
日常生活管理
心と体の健康管理

（労働準備性ピラミッド：高齢・障害者雇用支援機構　相澤氏）

図8　項目ごとにみた主な内容

職業適性	基本的労働習慣	対人スキル	日常生活管理	心と体の健康管理
□作業能力 できること できないこと できる方法 □作業適性	■作業能力 □返　事 □報告・連絡 　相談 □言葉遣い □身だしなみ ■時間を守る （出勤・休憩） □通勤途中の 　緊急連絡	□仲間に誘う 　仲間に入る ■話を聴く □上手に質問 ■お礼を言う □はっきり 　伝える □断　る □やさしく頼む ■謝　る □断　る ■感情の 　コントロール	■生活リズム ■金銭管理 　買い物 ■余暇の 　過ごし方 □衣服管理 □そうじ・整理 ■友達や異性 　とのつきあい	□食生活 □栄養管理 ■服薬管理 □通　院

職業スキルを身につける時の考え方と方法

　これらのスキルはどのようにすれば身につくのでしょうか。企業で働いている知的障害のある人を対象に、スキルアップ講座を行ったことがありました。ＳＳＴ（ソーシャル・スキルス・トレーニング）の手法を用いて対人スキルを学んでいくものです。１クールが６回で１年間に３クール、仕事が終わってから集まれるよう午後６時半から１時間半程度行いました。そして10人の障害のある人が集まって、第１回のスキルアップ講座が始まりました。実施して感じた職業スキルを身につける際の考え方をいくつかあげてみます。

　①ポイント１：１年間かかってようやく取り組んでいることと取り組
　　　　　　　　み方がわかる

　最初の頃はおそらくほとんどの人が漠然と通っていたと思います。ロールプレイをしながら挨拶などのスキルをトレーニングしていくうちに、「こんなことを学ぶんだ」と感じてきて、講座に通う意味がわかり継続する人が多かったと記憶しています。１～２回講座で学んだだけでは、対人スキルは身につきません。１年間継続して実施することでやっと取り組んでいることと取り組み方がわかり、少しずつ身についていくのだと思います。

　②ポイント２：楽しくないと続かない

　最初の20分～30分くらいは、しりとりやフルーツバスケットなどのウォーミングアップゲームを行います。しりとりは最後の文字を、フルーツバスケットはその人の話す内容をしっかり聞いていないとゲームに参加できません。他人の言ったことをインプットして自分の頭で考えてそれを言葉にするというトレーニングにもなっていて、私たち支援者はその状況などをアセスメントすることができます。支援者はそのような意図を持っていますが、これらのゲームは障害のある人にとって手軽で人気があり、毎回のように楽しく始めることができました。このように長い期間にわた

る講座では、途中で断念してしまう人も少なくないと聞きます。楽しいからこそ、次回も参加してみようと思って続けることができるのです。

　③ポイント３：トレーニングとＯＪＴ（オン・ザ・ジョブトレーニング）

　長い期間トレーニングすることで、少しずつ職場でも成果が出てきます。職場の担当者にもスキルアップトレーニングをしていることやその中での取り組み状況を伝えることで、職場でも同じ視点で見てもらえるようになります。当然のことながら、講座で１回か２回練習するだけで対人スキルが身につくわけではありません。練習はあくまでも練習です。講座で取り組んだことを実際の職場で試してみて、できたことを確認して、できなかったことはまた講座でトレーニングするという繰り返しが必要なのです。そうすることで、少しずつ講座で自分が取り組むことと職場でしなければならないことがつながってきて、対人スキルが身についていくのだと思います。

　それでは、どんな方法が効果的なのか、私は次のように考えます。一つ目は、仲間から学ぶということです。対人スキルは両親や先生、支援者から注意されて身につくものではなく、自分がそうしなければならないと気づいて初めて対人スキルを身につけようと努力します。そのためには、同じ立場にいる人の発言を聞いたり真似をしたりすることが一番効果的で、同じ仲間が話しているのを聞いて、「悩んでいるのは自分だけじゃなかった」と気づくと少しホッとするものです。そして、自分と同じ悩みを持っている人たちがどのように取り組んだのかを聞いて、その中から自分がやってみたい方法や自分に一番適している方法を選んで実践していくのです。その際、支援者はその場で見守ったり一緒に考えたりしながら伴走していくことが求められます。

　二つ目は、失敗を活かすということ。失敗したときに初めて自分がいけなかったことがわかり、その必要性を感じる。そのときにきちんと支援者が寄り添い、共感しながら次にどうしたらよいのかを一緒に考えていく。

できれば失敗しないに越したことはありません。中には失敗することで落ち込んで、取り返しのつかないことになってしまう人もいるため、支援者はその人の特性をきちんと把握して、一緒に取り組んでいく必要があります。

　三つ目は、その場面で学ぶということです。あのとき本当はこうすればよかった……と後から言われても対人スキルは身につきません。そもそも思い出せない場合もあります。実際の場面に遭遇したときに学ぶことが、一番気づきにつながりやすいと思います。

　私にもこんな経験があります。知的障害のある人と駅に向かって歩いていたときのこと、彼はトイレに行きたくなって、近くにあったコンビニにトイレを借りに行きました。通常店員に声をかけるところですが、そのままトイレに入ってしまいました。その様子を見ていた私はトイレから出てきた彼に、本当はどうすればよかったのかを聞いて一緒に考えました。そして、店から出るときにどうすればよいと思うかを尋ねたところ、彼は店員に「トイレを使わせてもらってありがとうございました」と言えばよいと答えました。そして実際に店員にそのとおり伝えて店を出ました。「どうだった？　うまくできた？」と彼に聞くと、彼は「店員さんが笑顔で『どういたしまして』と答えてくれた。ありがとうと言ってよかった」と話してくれました。

　このように一緒に街を歩いているときにも、対人スキルをトレーニングする場面がたくさんあります。支援者はいろいろな場面をともに過ごして、その場面を逃さずに本人に気づいてもらうように働きかけていくことが必要です。

（4）たまり場づくりの意義

　以上のような対人スキルを身につける考え方や方法を盛り込んで、ある就労支援機関で実施した「たまり場」づくりについて少し紹介したいと思

います。

「たまり場」の目的と内容

　職場で担当者から注意された際に感情のコントロールができなかったり、苦手な人に挨拶できなかったり……。そんな社会生活力、対人スキルが身についていないため働き続けることがむずかしい人がいました。悩み事があっても相談する場がなかったり、そもそも相談すべきことだと思っていなかったりする人、友達と楽しく余暇を過ごしたくても友達のつくり方がわからなかったり、集まる場がなかったりする人もいました。そんな人たちの声に応えて、私たちは現在企業で働いている人を対象に「たまり場」をつくりました。

　職員が企画や準備をする忘年会や旅行などのイベントではなくて、働く仲間同士が中心となってグループ活動を通じて相談したり情報交換したり、対人スキルを学んだり、友達をつくって余暇を楽しむきっかけにしたり……。そんなふうに自然に「人づきあい」のスキルを身につけていくのが「たまり場」です。毎回2人の職員が関わり、「いけないことは、いけない」と伝えながらも、自分たちで考えたり失敗したりすることで「気づき」を得られるよう支援していきます。

　仕事が終わった後、立ち寄れるように、毎月2回、金曜日の午後5時半から8時まで実施。この時間帯であればいつ来て、いつ帰ってもよいことにしました。場所は就労支援機関の建物の中にある会議室。企業で働き続けるための支援（定着支援）の一環として行っているので、就労支援機関に登録して支援を受けていて、現在企業で働いている人であれば誰でも参加でき、障害の種類は問いません。その結果、毎回20人前後の仲間が集まりました。

　仕事が終わってから、自分の好きな食事や飲み物を買って三々五々集まり、食事が終わったらみんなでおしゃべりをします。漫画を描いている人

やウノを楽しんでいる人もいて、ゲームで歓声を上げたり飛び上がって発散したりしています。きっと良い気分転換になっているのでしょう。みんながほぼ揃う午後7時過ぎ頃から、働く仲間の進行で一緒にゲームや近況報告を行います。そして8時少し前になると職員が近況報告や最近起きていることの中からテーマを選び出して、状況によってはロールプレイを織り交ぜながら、働き続けるために必要な対人スキルを身につけるための時間をつくります。

「たまり場」を始める前に、働く仲間が集まり職員も同席して次のようなルールを決めました。「自分たちで机やいすの準備や片づけをする」「自分のごみは持ち帰る」「友達の電話番号やメールアドレスは勝手に教えない」「タバコは決まった場所で吸う。お酒は飲まない」。「たまり場」は自己責任で行います。行き帰りや活動中の物の紛失や事故については責任を負えないことを参加者や家族に伝えて、了承してもらったうえで参加してもらいます。

「たまり場」初期の成果

このように開始した「たまり場」では、1年間でいろいろな成果が出てきました。ある日の「たまり場」での出来事

- Aさんが携帯電話の充電をするために、壁にあるコンセントに充電器を差し込もうとしていました。そのとき一緒にいた人が、「ここの電気を使うのではなくて、こういうのを買っておいてそれを使うんだよ」と乾電池を使用する充電器を見せながら説明していました。
- 自分の働いているお店の弁当を「たまり場」で売りたいと考えたBさんは、みんなの前でそのことを説明しました。Bさんが休んだときやお弁当を頼んだ人が急に休んだときの対応について、職員も加わって話し合い、Bさんはその内容をメモして「帰って店長に見せる」と言っていました。結果的にはお店の事情で販売することはありませんでしたが、そ

のときもBさんはみんなの前で「販売できなくなりました。すみませんでした」と謝っていました。

　Bさんから話があった際に、職員が相談して決めてしまうほうが手っ取り早かったかもしれません。でも、自分たちで考えて結論を出すまでの過程を大切にしたかったのです。一生懸命考えて話し合ったとしても、上司に反対されて実現できないかもしれません。それでも「自分たちの意見が通らないこともある」ということを知ったり、他の方法を考えたりするきっかけになります。その状況を店長さんに伝えたところ、「そんなことを言っていましたか」ととてもうれしそうでした。店長さんもその過程の大切さを共有してくれたのです。

- 「たまり場」での近況報告やゲームのときに、いつもホワイトボードに板書してくれるCさん。「以前は自分より能力の低い社員に対して、イライラしたり見下すような態度が見られたりしていたが、この1年間でとても他の社員のことを気遣うことができるようになった」と企業の担当者から話がありました。私たち職員は「たまり場」でのCさんの様子を職場訪問時に担当者に伝えていたのですが、たまり場に見学に来てくれた担当者は「たまり場の効果もありますね」と話してくれました。

　このように職員は、「たまり場」での様子や活動のポイントを企業に伝えます。担当者は、職場では見られない面を発見してびっくりする場合もあります。「たまり場」があることを担当者から本人に「たまり場」に行くように話してもらったこともありました。定着支援の一環として行っている「たまり場」の効果に、企業の担当者も気づいてくれています。

第4節　支援者が関わるときに必要な3つのポイント

(1) 本人の「働きたい」と支援者の「働ける」との関係から見えてくるもの

　障害者施設を訪問すると職員からこんな話をよく聞きます。「Aさんは十分企業で働けると思うが、本人や家族が働きたくないって言うんです」「Bさんは就職したいという希望があるけど、私たちから見たらとても無理です。そんな段階ではありません」。障害のある人の「働きたい」と支援者の「働ける」がうまく合致すれば何も問題ないのですが、それがうまくいかないときに私たち支援者はどのように考え、進めていけばよいのでしょうか。

　図9のように、障害のある人の「働きたい」を縦軸にとり、上に行けば行くほど働きたいという希望が高くなります。横軸には支援者から見た障害のある人の「働ける」をとり、右に行けばいくほど支援者から見た障害のある人の可能性は高くなります。右上の象限のように、就職を希望して

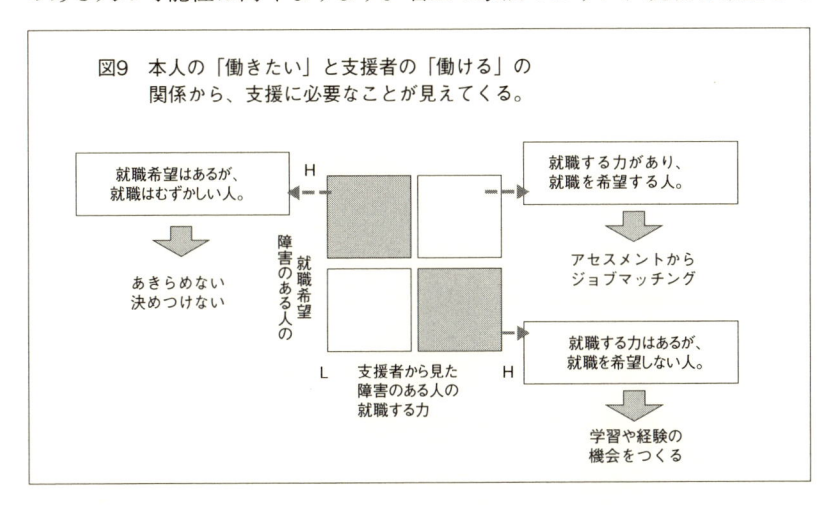

図9　本人の「働きたい」と支援者の「働ける」の関係から、支援に必要なことが見えてくる。

- 就職希望はあるが、就職はむずかしい人。
  → あきらめない　決めつけない
- 就職する力があり、就職を希望する人。
  → アセスメントからジョブマッチング
- 就職する力はあるが、就職を希望しない人。
  → 学習や経験の機会をつくる

（縦軸：障害のある人の就職希望　L〜H／横軸：支援者から見た障害のある人の就職する力　L〜H）

いて力がある人は、きちんとアセスメントしてどんな仕事が適しているかを考えていけばよいと思います。ところが、左上の象限、つまり本人は就職を希望しているが、支援者から見ると就職はむずかしいのではないかと思える人の場合や右下の象限、つまり支援者から見ると就職できると思えるが、本人または家族が就職を希望していない場合は、きちんとしたアプローチが必要です。

(2) 決めつけない、あきらめない

　左上の象限の場合には、決めつけない、あきらめないという考えに立ったアプローチが求められます。「この人には就職は無理だ」と決めつけると、就職に向けての取り組みをあきらめてしまい、就職の可能性は非常に低くなるからです。決めつけないためには、以下のことが必要となります。

障害のある人をよく見る

　障害のある人のことをしっかり見るためには、「できる」ことに着目するという視点と、できないことをどのようにしたら「できる」のかと考える視点が必要です。そうすることで障害のある人のできることを増やしていき、そしてそれをきちんと障害のある人に伝える。その際に大切なことは、その人のタイプを見るということです。アセスメント（評価）とは、就職の可能性をはじき出したり、○×をつけたりすることではありません。障害のある人が「働きたい」「働き続けたい」と言ったときに、それはどのようにしたら実現できるのかを考えるために、面談や作業場面の観察などで収集した情報から見立て（分析）をするということです。次のような事例で見てみましょう。

　中・重度の自閉症のＫさん（特別支援学校高等部在籍）が行う喫茶店の開店準備などの仕事を支援する機会がありました。テーブルを拭いたりテーブルの上にメニューなどを置いたり、ふきんなどの洗濯物を干したりしま

した。Kさんの仕事ぶりは、テーブルは丸く拭く、ふきんはピンと張った状態で干せずに曲がってしまうという状況でした。その後、厨房でゆで卵の殻を剥く仕事をしたときのことです。陰から見ていると、なるべく殻をバラバラにしないように丁寧に剥いていくのですが、特に卵が好きで大事に扱いたいわけではありません。剥き終わった卵はボウルに投げ入れていました。ここから、Kさんはできるだけつながった状態で剥きたいタイプなのではと推測しました。ひょっとしたらシールをはがす仕事も上手にできるかもしれない。このようにその人のタイプを見ることで、その人に適した仕事が見つかる可能性が広がります。

就職する相手先の職場を知る

私たちは企業の職場のことを知っているようで、実はほとんど知りません。ジョブコーチの仕事でいろいろな企業の職場を訪問するたびにそう思います。企業の職場は障害のある人が就職していく相手先です。相手のことを知らずに「障害のある人が働くのは無理だ」と決めつけてあきらめてしまってはいないでしょうか。例えば、障害のある人がこんな相談をしたら、何と答えますか。「本当は牛めしチェーン店のC社で働きたいけど、私は包丁で切ることはもちろん、そこに包丁が置いてあることがわかるだけで怖くてダメなんです。やはりむずかしいですよね」。

みなさんなら包丁を使わないで済むように、あるいは包丁を見えないところに置くように店長と交渉したり、本人に克服するように伝えたりしませんか。C社の店舗のことを知っている私ならこう答えます。「C社の店舗には包丁がないから大丈夫。肉や野菜などの食材はすべて工場でカットして、ビニール袋に入って店舗に送られてきます」と。

このように職場のことを知っているだけで、Aさんの不安は解消するはずです。そうすると働く可能性が広がっていきます。みなさんも普段食事する飲食店や買い物するスーパーマーケットなどの店舗を、障害のある人

が働くという観点で見てみてください。そうすることで、障害のある人が働く可能性が広がってくると思います。

(3) 学習や経験の機会をつくる

　障害のある人が実際にいろいろなことを試したうえで、企業で働くことはむずかしいと考えているのであれば、確かに今はむずかしいのかもしれません。しかし、企業の担当者や実際に働いている障害のある人の話を聞いたり職場を見学したりしないまま、自分にはむずかしいと考えているとすればとても残念です。

　確かに不安なことはたくさんあり、それゆえ私たち支援者は、障害のある人やその家族が不安を解消するための機会をつくる必要があります。職場見学、1日職場体験、2週間程度の職場体験実習、障害のある人を雇用している企業担当者の話を聞く、働いている障害のある人や家族の話を聞くなど、いろいろな機会をつくるべきです。その際に大切なポイントが二つあります。

　一つは、たくさんの機会をつくること。一つの会社だけを見学したり、1回の職場体験実習だけであきらめてしまうのは早すぎます。見学や職場体験実習がむずかしければ、障害のある人の就職支援をしている機関に用意してあるビデオなどを見ることもできます。

　もう一つは、その人に適した機会をつくること。たくさんの機会をつくるといっても、何でもいいわけではありません。いくつも見学や職場体験実習をしているうちに、障害のある人が本当に無理だと思ってしまう場合もあるため、障害のある人の特性を把握したうえで支援計画を立てて、その人に適した機会を提供していくことが必要です。

(4) ホントの「したい」を引き出し、その「したい」に寄り添う

　障害のある人の希望を聞くことは大切であり、私たち支援者の支援の出

発点はそこにあるべきです。しかし、障害のある人が「したい」と言ったことをそのまま実行するだけなら、支援者は必要ありません。大事なのは、その人のしたいこと、できること、できないこと、仕事面と生活面など様々な角度から総合的に見て、本当にしたいことは何なのか、それはどのようにしたら実現できるのかを見極めることです。そのためには、アセスメントが欠かせません。

　例えば、「Aさんは最近遅刻が多い」から、「朝早く家を出るようにしよう」「家を出るときに支援機関に電話するようにしよう」という支援計画で本当に課題が解決できるでしょうか。ひょっとしたらAさんは、家を出る時に家族からいろいろ言われて、出勤するのが嫌になってしまったのかもしれません。前の日に忘れ物がないようにがんばって準備しすぎて疲れてしまって、朝起きることができないのかもしれません。それなのに「朝早く家を出るようにしよう」とか「家を出るときに支援機関に電話しよう」という支援計画を立てても、解決につながりません。

　アセスメントとは、障害のある人が「働きたい」「働き続けたい」と言ったときに、どのようにしたら実現できるのかを考えること。つまり、面談や作業場面の観察などで収集した情報から、どのようにプランを立てていけばよいのかきちんと考えることです。

　図10のように、面談や作業場面で見たこと、聞いたことなどの客観的な事実を踏まえて、私たち支援者が「障害のある人Aさんは、こんなタイプではないか」と「見立て」をして（分析する、推測する、仮説を立てるなどの言葉に置き換えることもできます）、支援が必要なことを導き出します。これがアセスメントです。支援が必要だとわかったら、やろうと思うことを考えます。これが支援計画です。医師であれば、熱がある、せきが出るなどの症状（事実）から、風邪だと診断（見立て）して、服薬や通院などの処置を取る（支援計画）のと同じです。

　また支援計画とは、自分たちができる支援ではなく、その人に必要な支

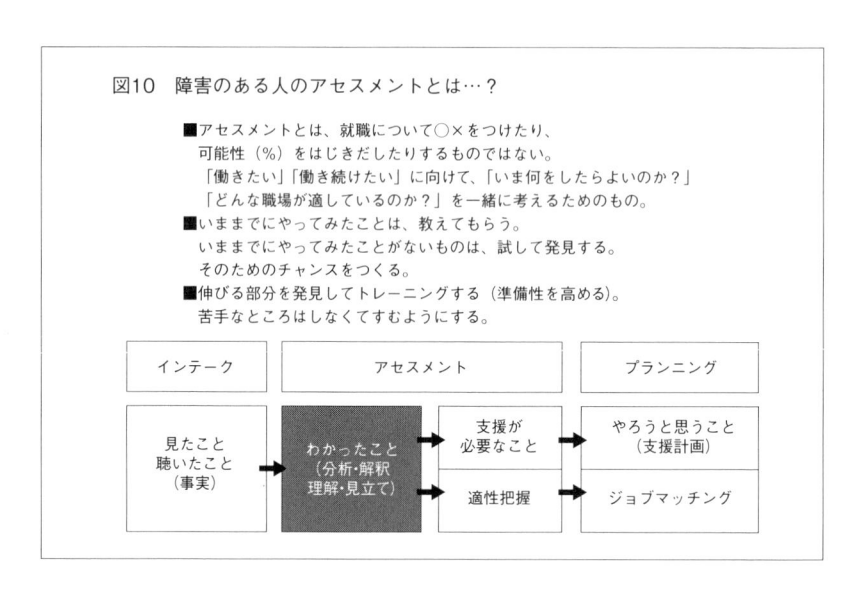

図10 障害のある人のアセスメントとは…？

■アセスメントとは、就職について○×をつけたり、
　可能性（％）をはじきだしたりするものではない。
　「働きたい」「働き続けたい」に向けて、「いま何をしたらよいのか？」
　「どんな職場が適しているのか？」を一緒に考えるためのもの。
■いままでにやってみたことは、教えてもらう。
　いままでにやってみたことがないものは、試して発見する。
　そのためのチャンスをつくる。
■伸びる部分を発見してトレーニングする（準備性を高める）。
　苦手なところはしなくてすむようにする。

インテーク	アセスメント		プランニング
見たこと 聴いたこと （事実）	わかったこと （分析・解釈 理解・見立て）	支援が 必要なこと	やろうと思うこと （支援計画）
		適性把握	ジョブマッチング

援のことです。支援計画を具体的にするためには、自分たちができることは何なのか、できないときは誰と一緒に、あるいは誰に代わってすればいいのかを考えることが必要です。それに加え支援の時期や期間、具体的な支援内容などを考えて計画を立てていきます。

（5）支援者が「働く」ことを理解する

　企業が障害のある人のことを理解すれば、障害者雇用はもっと進むという意見をよく聞きます。確かにそのような面もあるかもしれませんが、この仕事を始めて企業の担当者に話を聞くことが多くなってから、私はこのような意見に対して少し違和感をもつようになりました。企業が障害のある人のことを理解していないというよりは、障害のある人が、もっというと、支援者が企業のことや働くということを理解していないと思うことが多くなってきたからです。

　給料をもらっている以上は、まずきちんと仕事をして、会社にそして社

会に貢献します。これは障害の有無に関係ありません。企業は、地域社会に貢献してお客に喜んでもらって、利益を上げてできるだけたくさんの給料を社員に支払わなければなりません。学校のように周りの人たちが、障害のある人のことを中心に考えて支えてくれる所ではありません。このことを支援者が理解しないで「障害のある人を雇用して下さい」とお願いするのは、「福祉の目線」です。そうではなく、障害のある人が就職していく企業の立場に立って、働くということを理解して、企業の担当者のパートナーとなって一緒に進めていくという姿勢が必要なのです。

　私は障害者雇用をしている企業の担当者からたくさんのことを教わりました。その企業担当者の言葉をいくつか紹介します。「みんな勘違いしている。障害のある人はかわいそうだから、助けてあげなければいけないと。みんなやればできるのに」「障害があることが悲しいのではない。障害があるから働けないという発想が悲しいのだ」。

地域をつくる──まとめにかえて

　支援者全員がジョブコーチをするわけではありません。図11で示したように、サッカーでいうと、シュートを打ってゴールを決めるフォワードや自陣のゴールを守るディフェンダーがいるように、障害のある人の「働きたい」「働き続けたい」を実現するためには、地域にいろいろな役割が必要です。

　私たち支援者は、障害のある人のこと、就職していく企業のこと、その準備をする障害者施設などの社会資源のことをよく知って、障害のある人が今どこで仕事をすれば一番輝くのかを考えてその人のプランを立てていくべきだと考えます。今就職というゴールを狙うのがむずかしければ、障害者施設や病院などにいったんバックパスをして、そこで就職に向けて準備をしてからまたパスをつないでゴールを狙えばよいのです。

　地域全体が就労支援の知識やスキルを持ち、障害のある人の「働きた

い」や「働き続けたい」を実現するために自分の役割を果たします。そして障害のある人が働くことを通じて、地域で安心して暮らしてほしいのです。地域で働く障害のある人を支援するのではなくて、障害のある人が働く地域を支援する。地域で活動する支援者を支援するのではなくて、支援者が活動する地域を支援する。私はこんなふうに考えて、これからも働き続けていきたいと思います。

図11　地域をつくる

企業に就職することが、
一番良いことだとは思いません。

でも、障害のある人が
自分の能力や可能性や
企業や職場のことを知らないで、
就職することをあきらめるのは
とても残念だと思います。

私たちはたくさんの
チャンスを作りましょう。

全員がジョブコーチを
するわけではないけれど、
ひとりひとりが地域で
自分の役割を果たして
就労支援の空気を作りましょう。

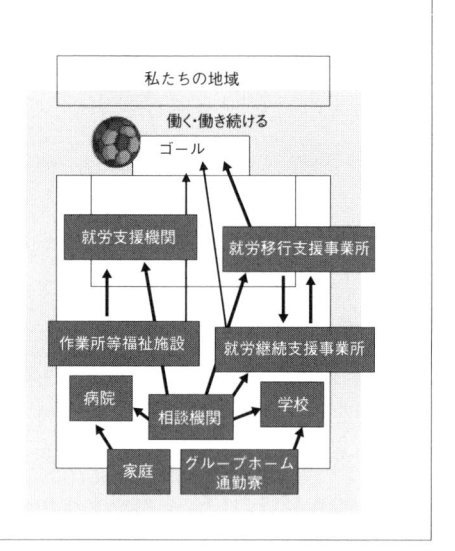

私たちの地域
働く・働き続ける
ゴール
就労支援機関
就労移行支援事業所
作業所等福祉施設
就労継続支援事業所
病院
相談機関
学校
家庭
グループホーム
通勤寮

第4章 水俣病を「宝物」として伝えるプログラム実践
──「ほっとはうす」の取り組みから──

加藤タケ子

小林　繁

　わが国の公害病の原点とされる水俣病は、公式発見（1956年5月1日）からすでに50年以上が経過した。しかしながら、水俣病の被害は拡大し続けており、これまで患者の存在が明らかにされていなかった水俣近隣地域および鹿児島県や天草諸島などからの申請者も増えている。水俣病の問題は、これまでこうした患者の認定と保障のあり方が問題とされ、一連の裁判でもその点が主たる争点となってきたわけであるが、しかしながらその問題の本質は、排除と差別の歴史の中にあるといっても過言ではない。それは「水俣病の症状よりも差別のほうが苦しかった」という患者の声に象徴されている。すなわち差別の増幅と悪循環によって、それまでの地域の人間関係の破壊と疎外が進行し、しかも水俣への外からの差別によって内なる差別がさらに増幅されるという構造が生み出されるのである。

　そうした固着した水俣病に対する差別意識と人間関係の確執が、新たな地域づくりをしていく上で大きな心理的障害になっているとして、水俣市では、1990年代後半から「もやい直し」[1]という、水俣病患者と水俣市民との新たな絆づくりにむけた全市的な取り組みが始められ、もやい直しセンターなどの建設とあわせて様々な事業が行われてきている。

　本稿では、このような差別によって分断された人間関係と地域を再生していく「もやい直し」の取り組みとして「ほっとはうす」の実践に着目する。「ほっとはうす」は、胎児性および小児性の水俣病患者とそのほ

かの障害をもつ人がともに過ごし働く場であり、1998年から活動を開始し、2003年には社会福祉法人の認可を受け現在に至っている。そこでは、喫茶コーナーの運営、水俣の自然の豊かさをメッセージする野花の押し花作品やラベンダーのポプリ作りなどとあわせて、近隣の学校での出前授業や全国から「ほっとはうす」を訪れる人たちに水俣病の問題を語り伝えるプログラムが行われている。

　特にこの伝えるプログラムは、「ほっとはうす」が重点を置いて長年継続してきた活動であり、そこからは水俣病の認識や障害のとらえ方が大きく変わってくる様子が子どもたちの感想文などからも生き生きと伝わってくる。このプログラムは水俣病の理解だけではなく、障害の理解という点からも重要な取り組みであり、福祉教育とともに、共生のまちづくりという視点からも注目されるものである。

　しかしながら同時に、メンバーの高齢化や障害の重度化が進む中で、生活の質（QOL）をいかに維持し、高めていくかという課題が現実化してきているため、福祉のまちづくりやノーマライゼーションをキーワードにした福祉施策の充実に向けた取り組みの展開も求められてきているのである。そのことは「どんな重い障がいをもっていても、地域で普通に暮らしていきたいという思いを１日も早く実現することを、みなさんと共にめざしていきます。」という、「ほっとはうす」の趣意書に記された願いの中にも表現されている。

第１節 「ほっとはうす」の始まりから現在へ

（１）カシオペア会から「ほっとはうす」へ

　1980年代に入り、水俣病の認定問題とは別に、すでに認定された水俣病患者が地域での日々の生活をどうつくっていくかという課題が顕在化してくる。その中でも、特に母親の胎内で有機水銀に侵され、生まれながらに

して水俣病となった胎児性および幼児期に発病した小児性の患者が抱える問題が浮かび上がってくるのである。

　環境創造みなまた推進事業が始められた頃、すでに30歳代半ばをむかえた胎児性患者たちが、これからどう生きていくかという課題を共有しながら、地域での自立を支える福祉制度が十分ではない中にあって、障害をもつ人が暮らしやすいまちづくりを考える集まりを定期的にもつようになる。カシオペア会と呼ばれたこの会では、地域で福祉のまちづくりを提案することを目的に学習会や車イスでのまち歩き、福祉の先進地見学を兼ねたバス旅行などを月に1回のペースで続けていく。当時、親も徐々に高齢化していく状況のもとで、家庭や家族の中で孤独感や症状が悪化していくことによる将来への不安を感じていた多くの胎児性患者らにとって、カシオペア会は「水俣病という障害のこと、家族のことそして何よりも自らの将来のことについて等々……尽きない悩みを語り合う場」として大きな役割を果たしていたのである。

　このような活動を続けることで、より具体的に意識されるようになったのが、「街の中にいつでも仲間に出会えるたまり場、働く場がほしい」ということであった。そうした中、市からもやい直しセンターの構想が提示され、その建設にむけての市民参加のワークショップが開催されることになる。カシオペア会では、「水俣病」と「障がい者」をキーワードに、たまり場と働く場づくりのイメージを具体化した企画案を提案しながらワークショップに積極的に参加するが、選考の結果落選することになる。

　この結果を受け、カシオペアの会は自力で場づくりに向けての取り組みを開始する。すなわち、喫茶コーナーのイメージを具体化すべく、資金的な問題を抱えながらも市内の空き店舗を借り、カシオペア会の活動に共に参加してきた胎児性患者を中心に、「水俣病患者関係者、障がいをもつ人そして様々な市民がもっとも自然に交流できる場、働く場」をめざし、1998年11月に共同作業所「ほっとはうす」を設立するのである。

しかしながら働く場、交流の場としての活動を続けていくには、お客を待つ形式の喫茶コーナーの運営だけでは経済的に厳しいこと、そして何より水俣病や障害の問題を伝えるためには自らが地域に出てメッセージを発信することが必要であるとして、市内のイベント（コンサート、講演会など）への出前喫茶を行うとともに、前述した自主製品の製作と販売にも力を入れ、さらに市役所や高校などでのパンの販売も行うようになる。そこでは、それぞれに重い障害をもちながらも、アイディアを出し合いながら道具や作業手順などを様々に工夫することで全員がほとんどの仕事に関わることができ、それによってメンバー同士の協力と責任感の自覚などを促すことが意識されるようになるのである。

　同時に、以前から積極的に行っていた水俣病の問題を語り伝える活動を、水俣病多発地区の学校を中心にしながらその対象のエリアを広げていくとともに、喫茶コーナーという空間と機能を活かして、「ほっとはうす」を訪れる客に対しても同様の活動を行うようになっていく。

　こうした活動を通して地域の学校とのつながりも広がり、それがボランティアという形での関わりへと発展していくわけであるが、それは福祉教育という面からも注目される。例えば、学校での出前授業をきっかけに、学校から児童・生徒が「ほっとはうす」にボランティアに来るようになったり、さらに恒常的な取り組みとして水俣市内にある高校のボランティア・サークルとの連携も実現する。そこでは、顧問の教師が積極的であったことと同時に、殊更にボランティアを強調するのではなく、社会の多様な人々との関わりをつくっていくという趣旨にもとづいてボランティア活動が継続されてきた。

　そのような中で、日頃の「ほっとはうす」での活動の感想やこれからの希望などとあわせて、水俣病の症状の進み具合などについて話を聞くと、特に長年の体への負担が首などの神経機能が集中しているところにあらわれてきているため、長時間集中する作業などができにくいことや加齢にと

もなって症状が今後どのように進むのかについての切実な不安が語られていた。

(2) 福祉支援システム構築の課題

こうした課題を含め、「ほっとはうす」では今後障害をもつ人を地域で共に支える福祉支援システムの構築が必要だとして、そのための調査を2001年に実施している。「水俣病胎児性・小児性患者のコミュニティライフ実現のための調査研究」と題されたこの調査では、「胎児・小児性患者が望む、施設ではなく地域で暮らすのに必要な質の高い生活支援と介護・医療を導き出し、現状の福祉施策ではカバーできていない水俣病被害エリアにおける先進的な社会福祉のモデルを示す」ことを目的として、1950年以降に生まれた主に在宅の水俣病認定患者本人と家族を対象に、日常生活の自立度、生活上の不安や問題点、介護の状況等および将来の生活への希望等についてアンケートと聞き取りを行った。

そこでは、水俣病の被害実態の全容が未だ解明されていないため、水俣病への偏見や差別が残っている地域もあり、水俣病患者であることを知られることに多くの人が躊躇し、困惑するという厳しい現実が存在する。半世紀を過ぎても今なお、親が自分の子どもに水俣病患者であることを告げられないような中での調査には自ずと限界があり、これからは公的機関との連携協力のもと、さらに詳細な調査研究が必要であることが強調されていた。

調査から明らかになった被害の実態については、全体的に生理・身体機能の低下によって健康への不安が強くあり、このことが介護や外出等の困難を生起させ、将来の生活への不安や心配につながっている。同時に、親や家族のほとんどが水俣病の被害を受け、本人の加齢とあわせて親の高齢化が目立ってきている。「ほっとはうす」に関わりのあるメンバーにおいても、この間親が亡くなり、文字通り親亡き後の問題が現実となっている。

一方、生活面で現在特に問題がないと回答した人の多くが既婚者であるが、将来の不安としてはやはり介護問題があげられていた。さらに今後の要望について聞いてみたところ、ほとんどの人が施設ではなく、住みなれた自分の家で暮らしたいと答えており、全般的な身体機能の低下に対応した医療・福祉に支えられながら、できるだけ今の生活を続けたいという希望が強いことが示されていた。

 「ほっとはうす」では、当初からその活動を通して障害をもつ人が地域で自立していくことがめざされ、そのためには、働く場としてのより安定した条件整備に加え、親や家族から独立して自立した生活を送りたいというメンバーの要望にどう応えていくかが大きな課題として意識されていた。それは、「障がいを持つ人のコミュニティライフを支える機能も兼ね備えた場」として、ハード、ソフト両面にわたる生活支援体制の整備拡充の必要を意味していた。それを実現するためには、「ほっとはうす」におけるスタッフ体制および組織と運営形態を充実させることが不可欠であるとして、これまでの共同作業所から社会福祉法人の設立にむけての取り組みに着手するのである。

 その結果、設立基金の目標を達成することなどにより、2003年10月に「社会福祉法人さかえの杜」の設立が認可され、この法人運営による「小規模通所授産施設ほっとはうす」が新たに出発することになる。そこでは、「水俣病の経験を教訓として、水俣病患者を含むすべてが個人として尊重され、各自の個性に応じて自己実現を図り、地域社会の中で可能な限り自立した生活を営むことができるよう、(中略) 多様な福祉サービスを提供する」(法人の定款より) ことを目的に、それまで継続してきた活動をさらに充実させるとともに、自主作業品製作と販売活動などに加え、近隣の養護学校 (現特別支援学校) から実習生の受け入れも行うようになる。

 さらに007年度から環境省の「胎児性・小児性患者等の地域生活支援事業」の中に新たに「施設の新築」が追加されたことを受けて、「ほっとは

うす」ではこれまでの念願であった宿泊機能を備えた小規模多機能型施設にむけた活動を開始する。そこでイメージされたのは、「①短期入所（ショートステイ＝レスパイト）事業」、「②生活介護」、「③在宅支援訪問」、「④配食サービス」、「⑤地域生活支援相談事業」などの事業が可能となる設備を備えた建物であり、そのためには従来の施設を格段に拡充したスペースと機能が必要となることから、後述のように新しい施設建設にむけさらなる取り組みを展開していくのである。

第2節　水俣病を伝えるプログラムの展開

（1）伝えるプログラムのはじまり

「あっ看板娘がいた～ここがほっとはうすだ！」と、帰宅途中の小学生のにぎやかな声が響く。今日、「ほっとはうす」の水俣病を伝えるプログラムの出前授業を受けてきた子どもたちである。「ほっとはうす」は胎児性・小児性の水俣病患者が中心になり12年前にスタートした水俣病胎児性患者をはじめとした障がいをもつ人が働く場。喫茶スペースを窓口にその機能をフルに活用して、働き・人に出会い・水俣病を語る街の中の交差点ともいわれている。

「ほっとはうす」の大事な仕事＝活動が、設立以前より行っていた水俣病を伝えること。社会人講師の位置づけで地域の学校に出向き、総合的な学習の時間や人権環境教育で授業をする。水俣病事件と障がいをもつ人への理解を深める啓発活動でもある。最も過酷な水俣病の被害を受け差別と偏見に苦しむ胎児性患者自身が叫び続けることは、二度と同じ悲劇と過ちを繰り返してほしくない。そのことを、まず水俣の地で生まれ育った子どもたちに生身の自分をさらすことで伝えたい。それは、患者として生きてきた者の長年の想いの発露でもあった。しかし、実際に学校現場に市民が出かけて行って授業をするには、学校側の理解と協力そしてきっかけが必

要であった。

　そのきっかけは、未だに現実として横たわる水俣病に対する無理解や無知から起こる水俣地域外での差別や偏見、このことで傷つく水俣出身の子どもたちに心痛める教師たち。だからこそ、水俣病事件を公教育の中でしっかり学ばせる学習カリキュラムへの積極的な取り組みがあった。さらに、子どもたちに社会の中で様々な生き方をしている人々について学ばせることを大切にした熱意あふれる教師との出会いだった。その教師たちが学年会や職員会議にはかり、学校長の理解や共感を必死で得て各学校での受け入れが始まった。

　学校での「ほっとはうす」の水俣病を伝えるプログラムは、悲劇と苦しみの水俣病事件だけで伝えるのではなく、障がいをもちながらも働くことを誇りとし、笑顔で人に出会っていく毎日の暮らしの様子も創造できるゲームや歌ありのプログラムでもある。水俣病を伝える響きの中に、苦しみや悲しみを抱えながらも日々の営みの中に笑顔を見出している胎児性患者のしたたかな生き様も想像してもらえる「伝えるプログラム」は、学校の児童・生徒に地域の人々に水俣病への理解を深め「ほっとはうす」に広がりをもたらした。

　現在、水俣市内の全小学校・中学校・高校の各校に年に数回以上出かけ一過性でない対象学年に応じた水俣病を伝えるプログラムを行っている。さらに、近隣の水俣病被害地域の小学校にも広がり、市外からの教育旅行の受け入れも含め年間6000人を超えている。

　水俣病多発地区の小学校から子どもたちに伝えたくて始まった取り組みが、今では小中高生から大学生・研究者まで広がった。胎児性患者と寄り添う者が共同で紡ぎだす言葉は縦糸と横糸、息づかいの聞こえる関係の中で出来上がる一枚の織物としての水俣病を伝える。「ほっとはうす」は、水俣病患者や困難な状況にある人にとって「ほっとする」癒しの場であり、「水俣病を伝えること」それは水俣病に寄り添ってきた者の義務と責任で

ある。

（2）水俣病を「宝物」として

　公害・水俣病事件は、世界に類例を見ない悲惨な被害をこの街にもたらしたが、私達はその水俣病から生命を学び、人権・環境・福祉の大切さなど多くの気付きを与えられた。それを宝物として子どもたちに伝え、差別や偏見のない世界を実現するために、障がいをもち、困難な状態にありながらも、前向きに生きる人生を歩んできた胎児性患者の肉声をとおして、希望や未来の見える現実を子どもたちに伝えていく。

　水俣病をキーワードに、日本国内にとどまらないたくさんの人々と出会いをいただいている「ほっとはうす」。そこに日々の生きがいと喜びを見出し、働くことを誇りに思う胎児性患者たち。幼少期より入院生活や施設での暮らしを余儀なくされている彼らが、本当の意味で、その人らしく地域社会という「世間」の中で生き抜いていく姿は美しく、人が人の中で生きていく道には、たくさんの笑顔の花束ができるような気がする。ここに、水俣病に裏打ちされた本来の地域福祉が芽生えてくると思われる。

　先日も、こんな手紙を横浜から来た修学旅行の高校生が寄せてくれた。
　「前略　ほっとはうすのメンバーは、実に年齢層が広く個性が豊かで、絆というものを強く感じました。なので、緊張していた私はとてもリラックスができ早く溶け込むのをうながしてくれるようでした。ほっとはうすの人達にとっての仕事・働くことはとても重要で、その人自身にかけがえのないことを学びました。金子さんがしおりを加工する姿は、一生忘れません。とても表情が穏やかで、キラキラ輝いて見えました」。

　水俣病は、人権問題が常に背中合わせに進行してきた歴史であり、水俣病の公式確認から54年が経過する中で、チッソの加害者としての責任と国家の被害拡大の責任が明確でありながら、水俣病特別措置法によるチッソの分社化の動きは、この責任から逃れることを可能にしてしまう。水俣病

患者の苦しみは癒えることなくこれからも続く中、このままでは、水俣病事件史に重大な汚点を残してしまうことになる。

　水俣病の被害は身体的な苦痛だけでなく、社会的な差別と偏見にさらされることの精神的苦痛は甚大で、これまで多くの患者さんが苦しんできたと同様、この人たちが再び二重の苦しみを負うことがないように、水俣病に対する理解を深めていくためにも、伝えるプログラムの役目は大きい。「知らないことは罪ではないが、知ったかぶりをすることが一番罪深い」とは、私が尊敬する水俣病患者さんから学んだ人権への提言。自分が直接見聞きしたことでない人の噂話を頼りに、善悪の判断をしてしまう行為を考え直していく直接的な交流授業がもっと広がってほしい。噂話は、時として人を殺すことさえしかねないからだ。

　「ほっとはうす」で実践される水俣病を伝える活動は、水俣病を過去に押しやるのではなく、現在進行形の今の水俣病として患者自身の受難史に思いや願いを込めて語り伝える活動。息づかいが聞こえる距離を大切に、患者と寄り添ってきた者との共同トークの形式によって、お互いの言葉を縦糸と横糸になぞらえて紡ぎ始めて14年余になる。伝えられた水俣病は、聞き手と伝え手の各々の立場からの共同作業を経て、たくさんの水俣病という織物を生み出してきた。

　この伝えるプログラムは、水俣病を「宝物」とらえることを最大の特徴としている。悲劇的で悲惨な水俣病であることは間違いないが、しかしそのことにとどまらない、実に崇高な志を持って生きてこられた人々の壮大な物語が水俣病史の根底を流れている。このことが、「宝物」につながる由縁だ。

(3) プログラムの多様性

　小学生から中高生・大学生・研究者や市民まで対象の幅は広く、毎年多くの人たちと出会っている。以下、参加した小学生・中学生・高校生の感

想をとおしてこのプログラムの多様性を紹介したいと思う。
- 「今日、『ほっとはうす』の方々と交流しました。ぼくは、水俣病のかん者さんをはじめてみました。さいしょは、少し、つらそうに見えました。でも、色々なゲームをしていたら、だんだん、つらさが見えなくなって、とても楽しそうでした。さい後にあく手をした時、みなさんの手は、とてもあたたかかったです。」(小学校3年男子)
- 「『みなまた海のこえ』(6)の読み聞かせも何回か見たことがありましたが、何回見てもすごく心に残るものと思いました。高校生になったら、今までよりも水俣病についての学習時間が少なくなったりすると思います。また、将来もし、水俣病について聞かれることがあると思います。そんなときに、正しいことを語れる人になりたいと思います。そして、水俣に生まれたことに誇りを持ってこれからも生活をしていきたいと思います。」(中学校3年女子)
- 「ほっとはうすの存在を知らなかった私には今日の講演で「水俣病からの宝物」という内容はとても新鮮でした。水俣病に関した学習は小・中・高と毎回毎回やってきました。今さらまた、何⁉と思っていましたが、患者さんに直接お会いして講演していただくことは初めての経験で、今までの中で一番いい経験だったと思います。 実を言えば、私の両親も水俣病申請して手帳を持っています。父の実家は魚屋で毎日魚を食べていたから、少しは影響があったのだと思います。父は毎日どこが痛いあそこが痛いと言います。水俣病患者の皆さんはこんな程度ではない苦しみを抱えているのかと思うと胸が痛かったです。社会全体の責任を感じさせられました。」(高校2年女子)
- 「お礼の言葉　今日のふれあい集会では僕自身水俣病について今までよりもっと一生懸命に考えることが出来たと思います。またほっとはうすの方々が苦しさや悲しさを乗り越えて何事にも前向きに一生懸命に取り組まれていることが分かり、たくさんの元気と勇気を頂きました。これからも

水俣病のことをもっともっと詳しく勉強していきたいと思います。最後にみんなで歌った「海の歌」(7)は、これからも忘れずに歌って生きたいと思います。」(湯出小学校6年K.Y)
- 「水俣病の人たちと初めて話したとき、不思議なオーラを出していました……。生きるための力がみなぎっているようで、なんだかすごかったです‼ あの時に歌った歌が今も心に響いています。」(N.M／学芸大付属大泉中学校2年生)

第3節　伝えるプログラムの視点と方法

(1) 福祉教育・人権教育として

　社会福祉法人化を図り、働く場、交流の場をさらに発展させるとともに、水俣病の教訓を人権・環境の問題から福祉の課題へと広げ、障害をもつ人の福祉の充実へつなげたいという思いは、「ほっとはうす」の当初からのテーマであった。すなわち、水俣病が残した貴重な教訓や障害をもちながらも前向きに生きている人たちがいることをメッセージとして次の世代に伝えたい。それが、学校との連携を積極的に推進していく原動力となっている。同時に、水俣病に対する無理解や無知による差別や偏見が根強いため、それを子ども時代に解消するには学校教育での取り組みが重要である。そうした思いを具体化したものが、前述した水俣病を伝えるプログラムである。

　その方法や形態は様々であるが、メインは学校での総合学習や人権教育、環境教育などの一環として「ほっとはうす」のメンバーと職員が学校に出向いて授業の中で講師として話をするというのが基本であり、現在水俣市のすべての小学校、中学校、高校だけでなく近隣の地域の学校でも行われてきている。

　このような近隣の学校に出かけていく方式に加え、全国から修学旅行等

で訪れる中・高校生や大学のゼミ、教師や行政関係者など研修の一環で水俣を訪れる人たちへも、「ほっとはうす」を会場に同じようなプログラムを実施している。それらの中には、東京都の正則高校のように、学習旅行という形で毎年同じ学年の生徒が訪れる取り組みとなっているところもある。

　こうした活動を継続することによって、子どもたちの中で水俣病についての向き合い方に変化が起きてきていることをスタッフが強調していたが、それは児童・生徒のまさに水俣病問題の理解の質的深化を意味している。と同時に、このプログラムは、水俣病の悲劇と苦しみを伝えるだけでなく、障害をもちながら生活し働くことを誇りとしている自分たちの日常の暮らしを伝えることも重要なテーマとして位置づけられている。そのため、小学生、中学生、高校生の発達段階に応じて方法も工夫され、小学校低学年であれば、話の後に「ほっとはうす」のメンバーと一緒に遊んだり、ゲームをするなどして交流をはかることに重点が置かれ、高学年になるにしたがってメンバーの具体的な体験談から水俣病問題の背景や構造的把握さらには障害に関する今日的問題等について考えるような配慮がなされている。

　そこでは、特に胎児性患者であるメンバーの子ども時代から青年期までの生育の歴史、とりわけ学校に行きたくても障害を理由に行くことができなかった悔しさや学校時代に多くの嫌がらせやいじめなど、水俣病と障害と二重の意味での差別や偏見にさらされた体験などが具体的に語られる。このような差別の体験談は、メンバー自らの子ども時代から青年期の頃の写真を大きなパネルにして紹介することもあって、特に子どもたちには衝撃的であり、終わった後の感想文等にはそのことが多く書かれている。

(2) 水俣病から伝える

　それとともに、水俣病という重い障害をもって生まれた人たちがなぜ差

別されるのかについて子どもたちからは素朴な疑問が出され、それが「かわいそう」といった同情や慈恵の念に留まらず、自らの生き方への問いや現在の問題へと視野が広がっていく様子が、例えば次のような中学2年生の感想文からも読みとれる。「今まで水俣病学習では、過去のことを振り返ることが多く、今の水俣で、具体的に何がなされているかに触れる機会が少なかったように感じられたが、今日は違った。(中略)忘れてはならないことやこれからの水俣について考える良い機会になったと思う。」

　ここで「水俣について考える」という視点は、水俣病問題の理解に留まらず、それを素材にして生徒自らが考えていく契機を提示しているということができるだろう。そのことについて、加藤タケ子は「水俣病を伝える」視点から「水俣病から伝える」視点への転換と述べている。

　筆者も、実際に地域の学校と「ほっとはうす」で行われたプログラムをいくつか見学したが、メンバー自らが語る水俣病被害の苦しく困難に満ちた体験および障害をもって生きることの意味を問いかける話を静かに聞いている児童・生徒の姿と同時に、中学生や高校生からは多くの質問も出されるなど、積極的に学ぼうとする姿が印象的だった。

　例えばある中学校の女子生徒が、「『ほっとはうす』のメンバーの方々は水俣病という重い障害をもち、多くの辛い体験もされてきているのに、なぜそんなに明るく話ができるのですか」といった趣旨の質問をしていたが、おそらく水俣病被害という暗いイメージと実際に目の前にいる水俣病患者との間のギャップがこうした質問につながっていったのではないかと推測される。その点から水俣病の問題は何かを考える素材を提供することが、このプログラムでは重要なポイントであることがあらためてうかがえる。

　特に胎児性患者の場合、生理・身体的機能の障害だけでなく、知的障害も伴っていることも多いため、子ども時代には地域の同年齢の子どもたちと遊んだり、同じ学校へ通うことができなかったなどの経験を有している。それゆえ地域からの疎外感も強く、その分、同じ学校に通いいっしょにい

ろいろなことをしたかったという思いを強くもっていることは、筆者との話の中でもくり返し出されている。

　先の質問に対してメンバーからは、「ほっとはうす」での活動や楽しい交流を通して水俣病という障害を受けとめながら前向きに生きられるようになったこと、水俣病の辛い体験を聞いて理解してもらえることが嬉しく、同時にそれを通して生まれてきたことの喜びを感じることができるようになり、そのことが自分を生んでくれた母への感謝の念につながっていること、学校で話をするようになってからその話を聞いた子どもたちが街で出会った時に声をかけてくれるようになり嬉しくなったこと、また読み書きや習字などの練習および様々な学習文化活動や創作活動を地元のボランティアの人々に支えられて継続することによって学ぶことの喜びや精神的な糧を得ることができるようになったことなど、自分自身の考え方や認識、価値観などが変わってきた様子などが体験的に語られていた。

(3) 自己教育・相互教育として

　以上のような点で、伝えるプログラムは、水俣病問題と障害をもつ人への理解を深める啓発活動や福祉教育という側面だけではなく、つまり対象者である子ども・青年だけではなく、当事者であるメンバーにとっても重要な自己変革を促す学習活動であるという意味において、まさに自己教育・相互教育としての機能を有しているということができるだろう。

　このようにメンバーが変わっていく様子について、例えば次のように紹介されている。「いまから八年前に私がはじめていっしょに清子さん（ほっとはうすのメンバー－引用者注）と小学校の授業に行った時、一年生、二年生の子供たちを前に話そうと思うと緊張とあふれてくる思いで、涙がでて止まらない。その姿だけを見ると、無理に連れてこられた胎児性の患者さん、ということになってしまうんですが、そうではなく、過去のいろんなトラウマのなかで、自分は来たいし、しゃべりたい。けれどもそれができ

ないということなんです。しかし清子さんもこういうなかで鍛えられ、もともともっていた清子さんのよさが前面に出るようになって、いまでは学校に行って、ちゃんと返事もできるし、堂々と話もできる」⁽⁸⁾。

　もちろんこのような変化は、単に経験を重ねることによって人前で話ができるようになったという次元の話ではなく、自らの経験や体験を振り返りながら自らの認識を変化させていくという内的な営みが伴っていることを意味する。すなわち、自らの経験や体験を語ることでそれを対象化し、他者に理解できるようその体験の再構成が自分の中で必然的に行われるようになる。どんなに辛く苦しい体験であっても、それを対象化すること、しかも同じ水俣病の障害をもつ他のメンバーの話を聞くことで経験の共有化と同時に、感じ方や問題のとらえ方の違いも自覚されることにより、問題のより客観的な把握がなされてくる。

　例えば40歳代半ばのメンバーは、「ほっとはうす」での活動を通して自らの水俣病を知るようになったとして、ある雑誌の取材で次のように発言している。「水俣病の認定を受けて、それまで水俣病のことも全然知らなかったわけで、『ほっとはうす』に入ってから水俣病のことを知ったというか、それまで認定患者でありながら水俣病のことまったく知らなかったんです。（中略）正直、一番びっくりしたというか、重い人もいるわけで、自分はちょっと軽いほうかなと思って」⁽⁹⁾。

　この発言からは、おそらく同じ水俣病の障害をもつ人との出会いと交流がなければ、現実には自らの障害を水俣病と理解することがなかったのではないかと推測できるわけであるが、ましてそれを人に語るという経験など彼には想像もできなかったのではないか。そのことは、彼が筆者との話の中で「ほっとはうす」に関わり、こうした活動をすることによって自分が変わってきたことを語っていたことからもうかがえる。

　こうした自らの体験の対象化と客観化は、他者が同じ問題をどのようにとらえていたのかについての関心を引き出し、それが自分を生んだ親、特

に母親の気持ちへと向けられる。すなわち、水俣病に侵されたわが子を生んでしまったこと、自分が汚染された魚さえ食べなかったら子どもは水俣病にならなかったという後悔と自責の念を胎児性患者であるわが子の生涯にわたって持ち続けてきているという点で、人一倍辛く苦しい思いをもたざるをえなかった親の気持ち[10]の理解へとつながっていく。

　水俣病に罹患した自分を語ることを通して、親や家族がどのような思いで自分を受け止めそして育ててきたのかに思いを馳せ、あらためて自己を対象化していくという内的な営みから親や家族との新たな関係が生まれてくる。それは、本人への親や家族の対応の変化という面をもっており、こうした「ほっとはうす」での活動を通して、胎児性のメンバーの親や家族の対応が明らかに変わってきていることは、スタッフへの聞き取り調査からもうかがうことができる。そのような面からも、この伝えるプログラムの意味と役割を見てとれるのである。

第4節　コミュニティライフの実現にむけて

（1）新たな施設の建設と「ほっとはうす」の日常

　「ほっとはうす」では、2008年4月にこれまでの施設に加え、新たな建物（名称は、「ほっとはうす・みんなの家」）が完成する。この間、前述した宿泊機能を備えた小規模多機能型施設として広い作業スペースと多様な機能を有する施設の必要性が認識され、その可能性を模索してきたわけであるが、環境省からの補助金も得られ、支援者からの援助金も含めて資金面での見通しがついたことから、施設建設が具体化していくのである。

　こうして「ほっとはうす」は、作業室と食堂、フリースペースおよび宿泊用の部屋、浴室、事務室などからなる建物によってその機能を充実させる。実際に宿泊用の部屋は、いわゆるレスパイト機能（家族の都合で介助等ができない場合の対応）だけではなく、「ほっとはうす」のメンバーお

よび他の障害をもつ人が今後の自立生活に向けての訓練のための設備として位置づけられており、ほとんど毎週利用されるなど利用頻度も高い。全国の障害をもつ人の通所施設で、こうした宿泊設備を持っている例は他にないという点でも画期的な意味をもっているといえよう。

以前から「ほっとはうす」では、施設の隣の民家などを借り受け、バリアが多くスペース的にも窮屈な空間ながらも、いわゆる地域生活支援事業として「レスパイト＝宿泊体験を通して自立生活支援事業」を行ってきた。そこでは、本人の希望により家族との程よい関係を保ち、自立訓練の場としても利用すること、また水俣病患者の施設である明水園などに入所している患者が定期的に利用することで、心身のリフレッシュと同じ障害をもつ仲間や支援者との交流ができることなど、多くの成果が確認されてきている。

そうした成果をふまえ、宿泊のできる部屋が整備されたことによって、今後メンバーや障害をもつ人の自宅で介護する人が病気や急用などの際に短期間、夜間も含め入浴、食事等の介護のサポートをしたり、さらに看護師を配置し、在宅の重症胎児性患者家族に積極的に利用してもらうなど、ショートステイ＝レスパイト機能のさらなる拡充等の課題が意識されている。今後メンバーの自立と親亡き後の対応の問題も大きな課題となるため、いわゆるグループホームやケアホームなどの施設建設に向けての取り組みとともに、「ほっとはうす」が水俣病問題の全国的な発信と地域の障害をもつ人の福祉活動の拠点になっていくための活動を本格的に展開していくことが期待されるのである。

一方、「ほっとはうす」の日常活動としては、まず朝のミーティングがあり、メンバーそれぞれのその日の体調を確認してから一日の作業が始まる。それに加え、水俣病問題に関連した新聞記事の切り抜きと配信、そして以前からの施設にある喫茶コーナーなどのほか、適宜見学者への対応や前述した水俣病を伝えるプログラムなどが行われている。

またここでは、作業が終わってから地域のボランティアによる計算や文字の読み書きの指導、書道教室などが定期的に行われている点も注目される。胎児性・小児性水俣病の場合、身体的な障害だけでなく知的障害を伴うことが多く、学校教育が十分に受けられなかったがゆえに日常の生活や仕事に支障をきたすことも少なくないため、意識的にこうした学習支援に取り組んでいる。あわせて地域にむけて水俣病や障害福祉関連のビデオ上映会や講演会、絵画展、コンサート等なども開催されている。さらに食堂の一角には、児童書のコーナーが設けられ、そこで放課後地域の子ども達が読書する姿も見受けられる。その意味で、学習・文化活動の役割も併せ持った施設としても今後の発展が期待されるのである。

(2) これからの取り組みにむけて——10周年をふまえ——

　「ほっとはうす」は、2008年に設立10年を迎えた。それを記念して同年11月に開催された「ほっとはうす」設立10周年記念のイベントでは、作家の柳田邦夫氏が講演を行い、そこでは環境省の水俣病問題に関する審議会での議長を務めた経験をふまえながら、今日の水俣病問題の根本には生命（いのち）をいかに大事にするかという問題が内在しているとして、国の施策を批判するとともに、水俣での「ほっとはうす」の取り組みの意味と意義が強調されていた。その後に行われた「きぼう・未来・水俣—地域でふつうに暮らす」をテーマにしたシンポジウムでは、熊本県健康福祉部長から、福祉のまちづくりの事業として地域の縁がわづくり、地域の結いづくり、地域のちからおこしを柱とした取り組みの紹介がなされたが、そこで特に注目されるのが、縁がわづくりの取り組みである。今ある福祉施設を地域に開放して、住民交流サロンとして地域とつながった活動をめざしており、「ほっとはうす」は、この取り組みのモデルとして重要な役割を担っていることが述べられていた。

　また、くまもと「障害者」労働センターの障害当事者スタッフからは、

障害をもちながら施設ではなく地域でふつうに暮らすことを一貫して追求している、これまでのセンターの取り組みの歴史を紹介しながら、「ほっとはうす」が地域に開かれ、地域とつながりながら当事者主体の活動を展開していくことへの期待が語られた。さらに、新潟県の水俣病患者を一貫して支えてきた新潟水俣病安田患者の会の事務局長からは、患者は水俣病という病を抱えながらも普通の暮らしを求めており、そうした患者の日常に寄り添いながら支えることが水俣病支援の意味であることが示されていた。

　最後に「ほっとはうす」の施設長からは、これまでの取り組みは障害をもちながらも地域で生活し、働くことができ、余暇や文化活動を楽しむことができる普通の暮らしをめざしてきたのであり、新しい建物ができることによってその可能性がさらに広がったこと、そしてこうした取り組みを胎児性・小児性患者たちの挑戦であったと総括し、この挑戦は命の原点である胎児性・小児性患者の、そして水俣病をめぐる様々な問題が解決した時に終わることができるということが強調されていた。

　以上のような報告と問題提起をふまえながら、筆者はコーディネーターとして、「ふつう」とは障害だけでなく、様々な国籍や年齢など多様な特性をもつ人たちがいる状態を指すのであり、それがまさにノーマライゼーションであること。そうした地域づくりこそが水俣には求められており、もやい直しの取り組みにもその視点が必要されるわけであるが、それはそのまま「ほっとはうす」のこれからの課題と可能性につながっているとまとめたが、そのことは、とりわけ以下のような取り組みを進めていくことを意味している。

　それは、まず生活支援体制の整備であり、障害が重度化し常に介護を必要とする人に対して、基本的な介護等を提供するとともに、文化・創作的活動や生産活動の機会を提供するという点である。その際、在宅・施設入所を問わず日中活動を提供するためには利用回数を増やし、新たな利用者

の受け入れが可能となるよう、スタッフを増員するとともに、在宅の重症胎児性患者に積極的に利用してもらえるようなケア体制の拡充が求められてくる。

一方、いわゆる地域生活支援相談事業のさらなる充実をはかり、地域の暮らしの中で生じる当事者の様々なニーズや問題に対して、きめ細かな相談やサポートおよびサービスの提供を実現していく。さらに今後整備が求められる事業として 居宅介護（自宅などへの家事援助）、行動援護（重度重複障がい者への援助）、共同生活援助（グループホーム）やケアホーム＝共同生活介護（短期宿泊ではなく、長期にわたり共同生活＝暮らしのできる家）などがあげられている点も指摘しなければならない。

(3) 共生のまちづくりへ

「ほっとはうす」の施設長である加藤は、先の胎児性患者等の調査にもとづいて胎児性患者等の生活問題の全体像を把握するという課題意識から、患者についてのいくつかの「典型的集団」を析出している。そこではまず、「一般企業等に雇われて働いている人とその家族」を第一の典型、次に「ほっとはうす」のような「授産施設等に通所している人とその家族」を第二の典型、そして「どこにも行き場のない人とその家族」を第三の典型ととらえ、しかもこの第三の集団がこれらの中でもっとも多い点をとりわけ問題にして、次のように述べている。すなわち、「今日までの約30年間どこにも行き場のなかった人」の問題は、「社会的対策の欠如・不備の結果としてもっともきびしい姿とみられる」として、「家族による扶養と介護は限界状態とみられる」こと。そしてさらに地域で孤立しているため「実態が把握できない重篤な胎児性患者や家族」も同様の問題を抱えており、しかもそのことをまわりの人に伝えることさえできない孤立状況に追い込まれているがゆえに「生活問題のきびしさは計り知れない」として、早急な社会的支援の必要性を強調している。[11]

このような胎児性を中心とした水俣病患者の切実な問題を考える時、地域での生活と就労そして文化的支援を含め、障害をもつ人への総合的な取り組みが重要となってくるわけであるが、それはいわゆる福祉的なサービスに限定されるものではなく、障害をもつ人の生活の質（QOL）そのものを高めること、つまり人と人とのつながり、人と自然とのつながりを新たに創造していく「もやい直し」の取り組みそのものの課題であり、地域づくり全体に関わる課題である。

　そうした課題の地平から、これまで述べてきた「ほっとはうす」の取り組みと位置づけをとらえ返す時、あらためて今後のめざすべき方向が浮かび上がってくるのではないか。それは、このような課題に取り組んでいく上で、「ほっとはうす」は単なる一施設としての位置づけを超えて、福祉・教育・文化的機能を内包したいわゆる総合的な地域ネットワークセンターとしての機能を担い、そうした面から地域づくりの一翼を担っていくという方向である。つまり、「ほっとはうす」は、形態としては水俣病の胎児性患者を中心とする障害をもつ人を対象とした福祉作業所および生活支援センターということになるわけであるが、その範疇を超えて水俣病の問題を掘り起こすとともに、さらにハンディキャップという視点から障害をもつ人の問題をそこに重ね合わせながら伝えていくことによって、共生のまちづくり、福祉のまちづくりをめざしていく上で大きな役割と可能性を内包しているといえるのである。

＜注＞
（１）「もやい」という言葉は、船と船をつなぎ合わせたり、共同で仕事や物事を行うことを意味する。
（２）この事業は、水俣湾の埋め立てによって造られた広大な土地の活用を図りながら、水俣市民の相互理解と地域再生を目的に1990年から始められた取り組みであり、埋め立て地でのみなまた10000人コンサートや水俣病問題の理解と啓発を目的とした水俣市立水俣病資料センターおよび環境教育と環境施策の拠

点としての熊本県環境センターの設立、さらには水俣病を語る市民講座の開催、水俣の再生を考える市民の集いのほか、水俣病の犠牲となった全ての生命を悼み弔う「火のまつり」等様々なイベントも開催された。
（3）加藤タケ子「水俣病胎児性患者に寄り添いながら」、障害をもつ市民の生涯学習研究会編『障害をもつ人が主役の喫茶コーナーがひらくひと・まち・くらし』、ゆじょんと、2001年、p.56
（4）加藤・小峯編『ほっとはうすにあつまれ』、世織書房、2002年、p.19
（5）2009年7月に成立した「水俣病被害者の救済及び水俣病問題の最終解決に関する特別措置法」の略称。水俣病の未認定患者の中で一定の症状がある人に一時金を支給し、同時に加害企業であるチッソを水俣病患者補償を行う部門と事業部門に分社化するというのがその骨子である。特に分社化の問題については、親会社のチッソが子会社の株式を売却してその資金を患者補償に充てるというのが趣旨であるが、それはつまり患者補償が終了すれば自動的に親会社が消滅することを意味する。そのことが結果として、チッソの加害責任を免責させるだけではなく、株式売買益以上に患者補償の金額が増えた場合には補償金の支払いができなくさせる恐れがあるとして、多くの水俣病患者および関係団体から批判が寄せられている。
（6）石牟礼道子著、丸木俊・位里イラスト『みなまた海のこえ』、小峰書店、1982年
（7）交流授業の最後には、袋小学校でつくられた「海」をみんなで合唱する。歌詞は以下のとおりである。
　　海はきれいだ　とてもきれいだ
　　海はひろいな　どこまでも続いてる
　　海は心を　なごませてくれる
　　海は勇気を　与えてくれる
　　海は生命を　生み育ててきた
　　海は私たちの　大切な宝物
（8）『環』vol.25、藤原書店、2006年、p.119
（9）同上、p.119
（10）「たまたま市役所の人が胎児性患者のニーズを把握するということで、ここ（「ほっとはうす」―引用者注）に訪ねてきたことがありました。こうなったら思いきり話しましょうよ、と何人かのお母さんに言うと、人前で泣きじゃくる姿をいままで見たことがなかった清子さんのお母さんが、まさに泣きじゃ

くりながら言った言葉というのは、『自分が魚を食べなかったらこの娘は水俣病にならなかった。その苦しみが……、子供を産んでから……ずっと続いている』と。その時清子さんは四十八ですから、そうやって四十八年間、お母さんはおひとりでずっと自分を責めつづけてきた。(中略) 私は、そうやってお母さんたちと正面から話せるようになるなかで、お母さんたちの心の中が本当に病んでいると感じるようになりました。」(同上、p.150-151) また、胎児性の子どもを産んだ当時の親たちの状況については、石牟礼道子『苦海浄土―わが水俣病』、講談社、1970年、などに具体的に紹介されている。
(11) 加藤タケ子「胎児性水俣病患者等の生活実態と地域福祉の課題」、2006年（「ほっとはうす」資料）

（本稿は、『月刊社会教育』2010年11月号に掲載した同名の論文を加筆・補正したものである。）

第5章　現代の子どもをめぐる問題と教育福祉の課題

杉野聖子

第1節　現代の子ども・子育ての問題

(1) 少子化社会と子どもの生活

　いつの時代も子どもをどのように育成するかは、社会にとって未来を創ることに直結する大きな課題である。少子超高齢社会の現代日本において、少数の現役世代が多数の高齢者を支えていく社会がすでに始まっている一方で、まだまだ充足できるだけの社会的制度やサービスが追い付かず、対症療法的に拡充を急いでいる状況にあるといっても過言ではないであろう。

少子化の進行とそれがもたらす子どもへの影響

　様々な生活環境の変化と技術革新にともない、現代人は生活に必要な時間の短縮化と手間の簡略化が進んでいる。その分個人の生活において余暇の占める割合が増大し心身ともに豊かな時代が来ると思いきや、反対に多忙を極めている人が多く、「現代人は忙しい」というイメージが拭えない。これは、不安定な経済、雇用・労働の問題、生活様式の変化、人の意識や価値観の変容にともなって生起する様々な生活課題によるものである。

　周知のように、この間日本の人口が減少に転じ、合計特殊出生率[1]は、2005年に史上最低の1.26人を記録した。図1の出生数及び合計特殊出生率の年次推移に見られるように、「少子化」は1990年の1.57ショック[2]を機にこの国の将来を揺るがす大問題として対策が講じられたが、15年もの間出

生率の低下は止まらない状態が続いた。2005年以降、ここ数年でようやく横ばい状態を維持している（2010年は1.39人）ものの、これから先子どもが急激に増え人口が増加することは考えにくい。少子高齢社会の急速な進展により、これからの日本は本格的な人口減少社会を迎えることになるが、人口減少は労働力人口の減少に直結しており、すでに様々な社会保障や税制、国策はその対応に向け、改革を急がなければならない事態にある。

　少子化の直接的な要因は、晩産化、非婚化の進展による女性一人あたりの生涯出産数の減少であり、その背景にはライフスタイルや価値の変化、女性の高学歴化、子どもの養育費の負担と雇用状況の悪化、住宅問題など様々な問題が影響している。子育てにおいて経済的負担、精神的負担、肉体的負担が大きいことは様々な調査からも明らかになっており(3)、そのため

図1　出生数及び合計特殊出生率の年次推移

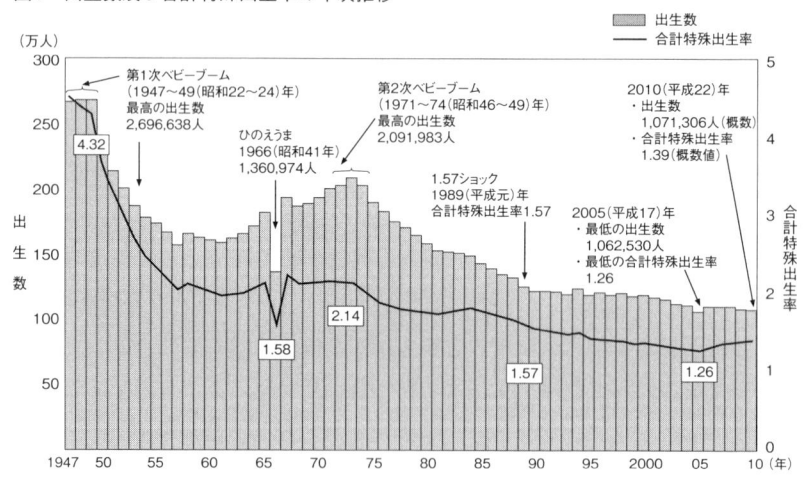

資料：厚生労働省「人口動態統計」
注：1947～1972年は沖縄県を含まない。
　　：2010年の出生数及び合計特殊出生率は概数である。
「子ども・子育て白書　平成23年版」より

現代は、「子育てがしにくい社会」といわれている。

また、少子化は、子どもの育ちにも直接影響を及ぼしている。小・中学校数は地域格差があるものの全体数として減少し、学校規模も縮小しているところが多い。子ども数の減少はともに遊ぶ仲間の減少そのものであり、その結果交流や葛藤など社会性を培う経験が少なくなる。

例えば、厚生労働省雇用均等・児童家庭局が行った「平成21年度全国家庭児童調査」によると、学校終業後にクラブ活動をしている子どもの構成割合を学年別に見ると、小学校1～3年生では23.9％、小学校4～6年生では42.3％、中学校で70.3％、高校等で61.7％となっている。同様に、塾等へ行っている割合については、小学校1～3年生では44.0％、小学校4～6年生で53.6％、中学生で56.8％、高校生等で24.4％となっている。また保護者の「子育てについての不安や悩み」の第1位に「子どもの勉強や進学に関すること」があげられており、その割合は56.3％（前回調査：平成16年は54.8％）に達していることから見ると、自由遊びというよりも過密なスケジュールをこなしている子どもの姿がうかがえる。

遊びの状況について見ると、一緒によく遊ぶ友達は「同じクラスの子」が73.2％（前回74.3％）と最も多く、次いで「違うクラスの子」46.1％（前回51.8％）、「クラブや部活で一緒の子」37.1％（前回40.3％）となっている。また、「自分一人で遊ぶ」「遊ばない（遊べない）」子どもは5.6％おり、前回調査に比べ若干の上昇傾向が見られる。同時に普段の遊び場については、「友達の家」が63.9％（前回65.2％）と最も多く、次いで「自宅」の48.5％（前回52.5％）、「公園」31.8％（前回28.6％）、「商店街やデパート」25.5％（前回27.0％）、「ゲームセンター」19.5％（前回20.5％）、「本屋やCD・DVD店」19.4％（前回24.7％）の順になっている。

これに対して子どもの遊び場である「児童館や児童センター」はわずか4.3％（前回 4.3％）に過ぎず、子ども数が減少していることもあり、利用人数はさらに減少傾向をたどるであろう。従来子どものインフォーマルな

遊び場であった「車のあまり通らない道路」や「空き地」「神社やお寺」「山や川やまたは海岸等」は、安全面の心配や場自体が少なくなったことの影響からか減少している。子どもが創造性や共同性を発揮できる遊び場が減った、もしくは選ばなくなった、選べなくなったことが、子どもの成長過程に何らかの影響を与えていることはいうまでもない。

　家庭生活と学校生活をめぐる問題
　同じ調査で、家庭生活の中では、一週間のうち家族揃って一緒に朝食を食べる日数は「ほとんどない」が32.0％、家族揃って一緒に夕食を食べる日数は週３日以下が53.3％と過半数を上回っており、親と子どもの生活時間帯が合わなくなってしまっている現実が浮き彫りになっている。家庭でのだんらんの時間が減ることは、家族間のコミュニケーションがとりにくくなることにつながっている。例えば、親が子どもたちとよく一緒にすることでは、「デパートやスーパーなどへ買い物に行く」が86.6％と最も多く、「テレビを見て、話し合ったりする」が78.7％、「外へ出て、食事をする」が59.8％というように、一緒に過ごすことができても何らかの遊びや活動をするというよりは生活としての営みが中心であることがわかる。このような実態は、「子どもとどう遊んでよいかわからない」「子どもが何を考えているのかわからない」という親の子育てへの不安の増大と比例していると考えられる。
　一方、学校生活でも課題は山積している。毎年文部科学省が行っている「児童生徒の問題行動等生徒指導上の諸問題に関する調査」の項目を見ると、平成22年度版では、①暴力行為（国公私立小・中・高等学校）②いじめ（国公私立小・中・高・特別支援学校）③出席停止（公立小・中学校）④小・中学校の不登校（国公私立小・中学校）⑤高等学校の不登校（国公私立高等学校）⑥高等学校中途退学等（国公私立高等学校）⑦自殺（国公私立小・中・高等学校）⑧教育相談（都道府県、指定都市、市町村教育委員会）があげ

られている。学校生活への不適応による不登校は小学校よりも中学校で顕著に表れており、さらに年齢が上がるにつれ、不登校や高等学校中途退学の延長からさらに若者のひきこもり、ニートの問題に発展して、社会全体で対策を講じなければならない現状を招いている。

いじめや暴力、非行と問題行動はいずれも密接に関連しており、また学校の中だけに原因や責任があるわけではない。昨今のメディア環境の急速な発展と拡大は、子どもの生活に浸透しているし、大人よりも子どものほうが適応が早い現実もある。メディアリテラシーが十分でないまま、学校非公式サイトのウエブサイトやソーシャル・ネットワーキング・サービスを子どもが利用することにより、様々なトラブルも発生している。

また、現代の子ども・若者は経済的にも社会的にも精神的にも自立が遅れる傾向にあるといわれている。これらの主たる要因として、家庭や学校などの限られた人間関係の中でのみ生活しているため、それ以外の様々な人との直接的な交流や生き方のモデルとなる大人と接する機会が減少していることがあげられる。

このように少子化社会では、子どもの数が多く一人一人に手厚いケアがしにくい状態から、逆に一人一人に十分なサポートが行き届くようになったかというと、現実には新たな問題が次々と浮上しているのである。

(2) 子育て環境の変化にともなう課題

子どもが犯罪被害に巻き込まれる痛ましい事件が後を絶たない。この間刑法犯被害の認知件数は減少傾向にあり、中でも殺人、強盗、放火、強姦などの凶悪犯被害や暴行、傷害、脅迫、恐喝などの粗暴犯被害は減少傾向にある。しかしながら、性犯罪と関連する福祉犯被害者数は2010年度が7340人で、前年に比べて195人（2.7％）の増加となっている。この被害は中高生ばかりでなく、小学生や未就学児童までが含まれている。2003年「インターネット異性紹介事業を利用して児童を誘引する行為の規制等に

関する法律」(出会い系サイト規制法) が施行されたが、携帯電話によるアクセスを契機に児童が犯罪に巻き込まれる事件が起きている。保護者が安全のために持たせたツールが、一方で子どもを危険につなげてしまっているケースもある。

　また、子ども虐待の事件も近年の深刻な社会課題である。虐待はその人が当たり前に生きていくことを妨害し、人権を著しく侵害する行為であり、とりわけ子どもの場合は、自分でSOSの声を上ることが難しいため、その後の成長・発達に重大な影響を与える。こういった虐待は複雑な問題を抱える特定の家庭にだけ起こるのではなく、どの家庭にでも起こりうる問題でもある。子ども虐待は子どもをどのような存在としてとらえるか、保護者である親の問題に起因するところが大きいが、同時にそこには大人の子ども観という社会的意識の問題も横たわっているのである。

　密室ともいえる家庭の中で行われる行為に法律が介入した点で、2000年児童虐待の防止等に関する法律が施行された意義は大きく、虐待に関する通告や相談件数はシステムの構築と社会的関心の高まりや認識の一般化とともに増加傾向にある。子ども虐待による死亡は、2009年4月1日から翌年3月31日までの12カ月間で47例 (49人)、前年64例 (67人) に比べれば減少傾向にあるが、心中 (未遂を含む) を加えれば、それでもなお77例 (88人) の命が、保護者である大人によって奪われているのである[7]。

　子どもが安心して安全に成長するには、生まれ育つ家庭環境が重要であるがゆえその家庭において進行している所得格差は深刻な問題である。厚生労働省によると、2009年で子ども (17歳以下) の相対的貧困率は15.7%[8]となっており、特に一人親家庭の貧困率は50.8%となっている[9]。貧困状態であるために子どもが高等教育を受ける機会を失うことは、その後の就労機会や人生設計にも大きく影響する。実際、調査の結果、生活保護世帯の世帯主は学歴が高くない場合が多く、特に母子家庭の4割で生活保護の世代間継承が行われていることが報告されている[10]。このことは、子ども本

人の意思や努力に関わらず、生まれ育った家庭の階層が継承される可能性が高いことを示している。それゆえ、所得と教育機会が連動する「負の連鎖」を断ち切る打開策が、子どもの育つ環境を平等に保障するという点において急務となっているのである。

その一方で、保護者としての義務や責任を果たさず、それを学校に押し付け、誤った権利意識でクレームや要求を突き付けるいわゆるモンスター・ペアレンツの存在も問題となっている。これは、学校に対する不信感や依存の表れであり、そのような子育て観で育てられる子どもの価値観も当然のことながら、何らかの影響を受けるはずである。こうした不信や過度な依存は、保護者自身が健全な人間関係を築けていないことから起こると考えられる。つまり、子どもの育ちと同様、子育てする親たちも様々な問題を抱えているのである。家庭自体が地域や保護者間で孤立し、その中で育つ子どももまた孤立してしまうことにより、人間関係を築きにくくなるという社会関係の連鎖が生じることも懸念される。

したがって現代社会においては、子どもの安全・安心な育ちを保障するために、家庭だけがその責任を負うのではなく、地域や学校を含めた包括的な支援とそのためのフォーマル、インフォーマルなネットワークづくりが課題となっている。

第2節　児童福祉の歴史

(1) 近世から近代にかけての児童福祉

歴史的経過を見ると、そもそも長らく子どもは、社会的に成長発達過程の途中にあり一人前ではない存在として扱われてきた。子育ては私的な営みであり、それゆえに子どもは親の所有物としてその育成に他者が介入することが阻まれ、周囲もまた遠慮する一面を持っていた。特に、近代まではそれが当たり前であり、現代においても根強く残っているところがある。

大人による子どもの保護は、古くは奈良時代から仏教思想の慈悲による救済事業として行われ、保護者のいない孤児や棄児の収容保護施設が存在した。しかし、子どもは独立した人格を認められていなかったため、労働力や商品として人身売買の対象になっていたし、堕胎や間引き、捨て子も横行した。江戸幕府は1690年に「棄児禁止の布令」、1767年に「間引き禁止令」を出すなどの対策を講じたものの、国民のほとんどが貧困にあえいでいた時代であり、また確かな避妊法がない中では、問題は容易に解決しなかった。

　このような児童救済の対策は明治政府にも引き継がれ、1868年には「堕胎禁止令」、1871年には「棄児養育米給与方」（棄児を養育する者にはその子が15歳になるまでの間、年間7斗の米を支給する：1斗＝18リットル）、1873年には「三子出産ノ貧困者ヘ養育料ノ給与方」（三つ子を出産したが、貧困で養育困難な者に養育料を支給する）が出された。貧困問題は明治維新を成し遂げさせた原動力であると同時に、その対策は維新後の急務でもあったため、欧米での制度をモデルとした救貧対策として1874年「恤救規則」を制定し、「無告の窮民」への公助がなされた（第6章の注4を参照）。対象は扶養する者がいない独身で廃疾、70歳以上、重病等で極貧のもの、13歳以下の孤児に限定していたが、子どもを救済すべき一人の人格として扱ったという点で、これまでの大人側の視点による対策との違いが見える。

　明治以降子どもの生活を大きく変えたのは、いうまでもなく近代学校制度である。1872年の学制では、子どもを就学させることは父兄の責任であるとし、1886年には尋常小学校を義務制とした。しかしながら、貧困児童や障害のある子どもは義務教育免除や猶予令により就学しない、就学できない状態にあったため、そうした子どもの保護や養育施設は、公的整備よりも明治初期から宗教の慈愛精神を背景とした民間篤志家等によるもののほうが多く、取り組みも早かった。

　例えば、孤児や棄児のための施設として仏教徒による福田会育児院

(1879年)、カトリック教徒による横浜の仁慈堂、プロテスタント教徒である石井十次の岡山孤児院 (1887年)、知的障害児教育に従事した石井亮一の孤女学院 (後の滝乃川学園、1891年)、視覚障害児童東京楽善会の東京訓盲院 (1880年) などである。また非行児童対策として、高瀬真卿の私立予備感化院 (1885年)、留岡幸助の家庭学校 (1899年) なども設立された。留岡幸助は、犯罪少年に対して教育とよい環境を与える感化教育を行い、成人の犯罪者をなくす事業を展開しながら感化院の設置を主張し、これらの活動が契機となり感化法 (1900年) が成立した。つまり民間の活動が法制度を作ったのである。

　大正期には、1911年に成立した工場法 (1916年施行) で、最低就業年齢12歳、15歳未満には最長労働時間を12時間に、休日は月2回、深夜業 (22時から4時) の禁止が規定された。これは子どもを大人とは違う枠組みで保護したものである。また不良児、浮浪児、不就学児、貧困児、知的障害児に対しての調査と個別的な保護を目的とした東京府児童保護委員制度 (1920年) が始められた。しかし、貧困を背景にした児童問題は後を絶たず、犯罪少年の問題は深刻化し、1922年には少年法と矯正院法が成立した。

　続く昭和の初めには、軍国主義のもと「産めよ、増やせよ」と人口増と子どもの育成につながる政策が展開され、1933年に児童虐待防止法と感化法を改めた少年教護法が、1937年に母子保護法が成立した。

(2) 戦後の児童福祉

　第2次世界大戦の終了は新しいこの国の幕開けでもあったが、その混乱期に悲惨な状態に置かれたのは子どもたちであった。この時期には、とりわけ保護者のいない戦災孤児や引揚げ孤児が町に溢れ、浮浪児となり、生きていくために犯罪に手を染めるのを防ぐことが児童対策の緊急課題であった。しかし戦後の児童福祉は、問題児童のみを対象にするのではなく、18歳未満の全児童を対象とした児童福祉法 (1947年) から始まった。

児童福祉法は、戦前の少年教護法と児童虐待防止法を統合し、次の世代を担う子どもの健全な育成を図るため、「保護を必要とする子ども」への対応から「すべての子ども」の健全な発達を保障するという方向への転換を示すものであった。すなわち、この法律は「第１条　すべて国民は、児童が心身ともに健やかに生まれ、且つ、育成されるよう努めなければならない。２　すべて児童は、ひとしくその生活を保障され、愛護されなければならない。第２条　国及び地方公共団体は、児童の保護者とともに、児童を心身ともに健やかに育成する責任を負う。」としており、子どもの育ちについて国家が責任をもつということが明文化されている。この背景には、当時日本を統治したGHQの中心であったアメリカが、児童の権利保障について、1909年の「白亞館会議宣言」、1930年の「児童憲章」制定など先進的な取り組みを行ってきた国であったこと、そして1924年に国際連盟が「児童の権利に関するジェネバ宣言」を採択したことなどが影響している。それを受けて、1951年に制定された日本の「児童憲章」では、その前文に「児童は、人として尊ばれる。」「児童は、社会の一員として重んぜられる。」「児童は、よい環境のなかで育てられる。」と謳われている。

　戦後すぐ1945年からの10年間（昭和20年代）は、子どもに関する法律や制度の基本整備と喫緊課題である要保護児童対策を中心に施策が展開された。その際、要保護児童に対しては、まずは施設収容による生活の安定が図られたが、その後成長発達保障の観点から施設生活の弊害としてのホスピタリズム論争が喚起された。また、この時期の児童福祉における功績者の一人としてあげられる糸賀一雄は、1946年に知的障害児施設「近江学園」を創設し、その後重症心身障害児施設「びわこ学園」を設立した人物であるが、彼の思想を表した名言に「この子らを世の光に」という言葉がある。障害がありながらも人として尊厳を保たれながらいきいきと生きられる社会の形成の必要性を示すこの言葉には、1980年代以降、福祉の核となるノーマライゼーションの理念との共通性が見られる。

1955年からは(昭和30～40年代)、関連法をはじめとして児童福祉の基盤整備が中心に取り組まれた。高度経済成長期を迎え、都市化の問題や集団就職にみる年少労働の問題など新たな課題への対応と困難家庭に対するサービスの法制化が順次行われたその結果、1961年児童扶養手当法、1964年特別児童扶養手当法、1964年母子および寡婦福祉法、1965年母子保健法がそれぞれ制定・施行され、1971年児童手当法の成立をもっていわゆる児童福祉六法が完成した。こうした中で児童福祉法自体は、成立以降、児童福祉施設の分化によって幾度となく改正が繰り返されたが、内容に関わる大きな改正は1997年までなされなかった。

　戦後の児童福祉は、児童の健全育成を掲げてきたが、実際のところは障害児や非行児、親の養育困難児など保護が必要な子どもに対してのサービスの構築や児童相談所を軸とした相談援助事業が中心であった。児童福祉法で規定する児童福祉施設は養護問題や障害など何らかの課題を抱える子どもの施設がほとんどである(表1)。誰もが利用できる育成系施設は、児童館、児童遊園、児童家庭支援センター(1997年創設)の3施設のみとなっている(表1)。

表1　児童福祉施設の類型

	入所施設	通所施設・通所機能	利用施設
養護系施設	乳児院　母子生活支援施設 児童養護施設 情緒障害児短期治療施設 児童自立支援施設	情緒障害児短期治療施設 児童自立支援施設	
障害児系施設	知的障害児施設 自閉症児施設　盲児施設 ろうあ児施設 肢体不自由児施設 肢体不自由児療護施設 重症心身障害児施設	知的障害児通園施設 難聴幼児通園施設 肢体不自由児通園施設 肢体不自由児施設	
育成系施設		保育所	児童館 児童遊園 児童家庭支援センター
保健系施設	助産施設		

山縣文治『ファーストステップ・社会福祉⑤児童福祉論』ミネルヴァ書房2005

(3) 児童福祉から児童家庭福祉へ

　1980年代半ば以降の急激な社会変動により、要保護児童の様相も大きく変化した。要保護児童は、児童福祉法第6条第8項において、「保護者のない児童又は保護者に監護させることが不適当であると認められる児童」と定義され、保護者が死亡または行方不明、保護者が拘留中、病気療養中、経済的事情による養育困難、保護者が子どもを虐待している等の場合がこれに当たる。かつては、児童養護施設に入所する子どもは保護者がいない子どもが中心であったが、近年では保護者がいるにもかかわらず家庭環境上の理由により施設入所が必要となった子どもが増えている。社会的養護の変化と1990年からの少子化対策、1989年に国際連合で採択された児童の権利に関する条約（日本は1994年に批准）の反映から子どもの福祉が再考された。そして子どもの健全育成と自立支援、そして子どもが置かれる環境である家庭への支援、親支援に焦点が当てられるようになるのである。

　少子化対策、子育て支援は1994年の「今後の子育て支援のための施策の基本的方向について」（通称エンゼルプラン）から始動した。教育、福祉、労働、産業、経済など国民を取り巻くあらゆる分野における総合的な取り組みによるエンゼルプランであるが、その内容は保育対策色が強い。保育所の量的拡大や低年齢児（0～2歳児）保育、延長保育等の多様な保育サービスの充実、地域子育て支援センターの整備等を図るための「緊急保育対策等5か年事業」が策定され、1999年度を目標年次として、整備が進められた。

　その後、1999年の「少子化対策推進基本方針」および、この方針に基づく重点施策の具体的実施計画として「重点的に推進すべき少子化対策の具体的実施計画について」（通称新エンゼルプラン）が策定された。新エンゼルプランは、従来のエンゼルプランと緊急保育対策等5か年事業を見直した2000年度から2004年度までの5カ年計画で、これまでの保育サービス関

係だけでなく、雇用、母子保健・相談、教育等の事業も加えた幅広い内容を含んでいる。

　一方、1997年の児童福祉法改正ではそれまでの保護・養育を中心とした施設養護から、子どもが社会人として生きていくための自立支援を基本理念として、児童福祉施設の名称や機能の見直しが行われ（表2）、「保護的福祉」から「支援的福祉」への転換が始まった。

　それ以降2000年代に続く児童福祉は、子どもの最善の利益の尊重を軸として、すべての子どもが安心して育つことができ、すべての親世代が子どもを安心して産み育てることのできる社会を目指して模索を続けることになる。

表2　平成9年児童福祉法改正による児童福祉施設の名称及び機能の見直し

	平成9年改正前			平成9年改正後	
名称	対象児童	機能	名称	対象児童	機能
教護院	不良行為をなし、またはなすおそれのある児童	児童を教護する（注）「教護」とは、教育・保護のこと	児童自立支援施設	従来の対象児童の他、家庭環境その他の理由により生活指導等を要する児童に拡大。	単に保護するだけでなく、退所後の支援などを行い、児童の自立を支援。通所形態の導入。学校教育の実施。
養護施設	保護者のない児童、虐待されている児童など	児童を養護する（注）「養護」とは、養育・保護のこと	児童養護施設	改正前と同じ。	単に養護するだけでなく、退所後の支援などを行い、児童の自立を支援。
乳児院	乳児（満1歳未満）	乳児を養育する	乳児院	乳児の他、保健上等により必要な場合、おおむね2歳未満の児童に拡大。	改正前と同じ。
情緒障害児短期治療施設	軽度の情緒障害を有するおおむね12歳未満の児童	児童の情緒障害を治す	情緒障害児短期治療施設	軽度の情緒障害を有する児童（年齢要件を撤廃）	改正前と同じ。
虚弱児施設	身体の虚弱な児童	児童の健康増進を図る	児童養護施設に移行する。		
母子寮	母子	母子を保護する	母子生活支援施設	改正前と同じ。	単に保護するだけでなく、その自立の促進のために生活を支援。

社会福祉の動向編集委員会『社会福祉の動向2012』中央法規出版、2012、p.131

第3節　子どもの育ちに関わる支援の課題

(1) 子どもの人権擁護と児童虐待防止

現代社会は少子化で子ども数が減少しているのにもかかわらず保護児童問題は多様化し、複雑化しており、減少するどころかむしろ増加傾向にある。2000年に施行された「児童虐待の防止等に関する法律（児童虐待防止法）」は、第1条で「児童虐待が児童の人権を著しく侵害し、その心身の成長及び人格の形成に重大な影響を与えるとともに、我が国における将来の世代の育成にも懸念を及ぼすことにかんがみ、児童に対する虐待の禁止、児童虐待の予防及び早期発見その他の児童虐待の防止に関する国及び地方公共団体の責務、児童虐待を受けた児童の保護及び自立の支援のための措置等を定めることにより、児童虐待の防止等に関する施策を促進し、もって児童の権利利益の擁護に資することを目的とする。」として、それまで私的な営みであった家庭での子育てに対して、人権擁護の観点から公的な介入を可能にし、しつけと線引きが曖昧になりがちな虐待行為を第2条で以下の4つに定義づけた。

　一　児童の身体に外傷が生じ、又は生じるおそれのある暴行を加えること。（身体的虐待）

　二　児童にわいせつな行為をすること又は児童をしてわいせつな行為をさせること。（性的虐待）

　三　児童の心身の正常な発達を妨げるような著しい減食又は長時間の放置、保護者以外の同居人による前二号又は次号に掲げる行為と同様の行為の放置その他の保護者としての監護を著しく怠ること。（養育放棄・ネグレクト）

　四　児童に対する著しい暴言又は著しく拒絶的な対応、児童が同居する家庭における配偶者に対する暴力〔配偶者（婚姻の届出をしていな

いが、事実上婚姻関係と同様の事情にある者を含む。）の身体に対する不法な攻撃であって生命又は身体に危害を及ぼすもの及びこれに準ずる心身に有害な影響を及ぼす言動をいう〕。その他の児童に著しい心理的外傷を与える言動を行うこと。（心理的虐待）

　また、翌2001年には、「配偶者からの暴力の防止及び被害者の保護に関する法律」（DV防止法）も制定され、家庭などの私的領域で行われる暴力に対して法律が介入し、被害者および子どもを保護する仕組みが作られた。虐待防止法、DV防止法は、成立から10年余りのうちに対応策の強化や福祉、医療、教育など様々な機関や専門職と地域による支援ネットワークの充実について改正が加えられてきた。同時に、国民の意識の変容を促進する啓発活動として11月を「児童虐待防止推進月間」とし、周知のためのポスター・リーフレットの作成・配布、児童虐待防止に関するシンポジウムの開催等を行い予防に努めている。こうした啓発は公的な活動だけでなく、「特定非営利活動法人児童虐待防止全国ネットワーク」による「オレンジリボン運動」[12]に代表されるような、子どもを守るNPOの活動の貢献が大きい。これらの活動の成果もあり、また児童虐待が顕在化してきたこともあって、近年児童相談件数が飛躍的に伸びてきている。

　あわせて当事者である子ども自身のエンパワメント（潜在的力の回復）も進められている。一部自治体では、児童養護施設や里親などに措置される子どもに、児童相談所が子どもの権利を記した冊子「子どもの権利ノート」を配布したり、学校や社会教育の場面で、虐待の定義、支援を求める方法や子どもの権利についての学習をとおして権利侵害に対する認識を促すとともに、子ども自身の意見表明を促す活動が展開されている。またオンブズマンなど外部による権利擁護の機関の設置によって、子どもの意見を代弁する等の取り組みもなされている。

(2) すべての子どもの健全育成と子育て支援の展開

　すべての子どもを対象とする「健全育成」は1950年代半ばから「非行対策」の言葉に置き換わるように登場した。国は1956年から、青少年の現状と青少年に関する施策について各省庁の取り組みをまとめた、「青少年白書」（非法定白書）を作成し総合的に子どもの育成に取り組んでいる姿勢を見せた。しかしながら、施策自体は行政の縦割り色が強く、重複や分断した取り組みになっていた部分もあることは否めない。

　福祉分野において健全育成は、対象を限らないサービスを指しており、初期には児童厚生施設の整備、啓発・広報活動の充実、1960年代設置された家庭児童相談室の相談事業、乳幼児健診などがこれに当たる。1970年から80年代にかけ、子どもたちが置かれる生活環境は大きく変化し、行政が放課後児童の対応に取り組まなければならなくなる中、児童館を中心とした地域における育成機能の強化が図られた。

教育分野での取り組み

　子どもの健全育成は、福祉分野よりも教育分野における取り組みのほうが積極的であったといえよう。学校教育はもとより、社会教育においても社会教育法第2条でその対象を「主として青少年及び成人」としており、子どもの健全な育ちに関わる様々な事業や活動が展開されてきた。地域社会を構成する一員として子どもは尊重され、野外・レクリエーション活動、子ども会活動を始めとした共同体験や共同学習の機会の提供、青少年施設や公民館、図書館、博物館などの社会教育施設といった場の提供など、家庭を取り巻く身近なエリアでの健全育成活動が展開されてきた。

　1990年代に入ると少子化の影響もあり、前述したように子ども同士の交流や地域での交流機会が減少し、子どもの成長に必要な直接的な人間交流の機会提供が課題となった。また、学校週5日制の導入やゆとり教育の開

始とあわせて、子どもの学校外教育や余暇活動についての様々な取り組みが始まった。

　1996年文部省（現在の文部科学省）の諮問機関である中央教育審議会の答申「21世紀を展望した我が国の教育の在り方について」では、子どもたちの教育目標の一つとして「生きる力」が提唱されている。その中で次世代を担う子どもたちに必要とされるのは、「いかに社会が変化しようと、自分で課題を見つけ、自ら学び、自ら考え、主体的に判断し、行動し、よりよく問題を解決する資質や能力であり、また、自らを律しつつ、他人とともに協調し、他人を思いやる心や感動する心など、豊かな人間性」であり、同時に「たくましく生きるための健康や体力が不可欠である」ことを強調している。

　そしてこの「生きる力」をバランスよく育むべく、地域で子どもを育てる環境の整備を目指した「全国子どもプラン（緊急3ヶ年戦略）」の策定（1999年度〜2001年度実施）と義務教育のカリキュラムに総合的な学習の時間の導入（2000年度〜）がなされたのである。学習指導要領では、総合的学習のテーマとして国際理解、情報、環境、福祉・健康などが例示されているが、このような学習は従来の学校教育だけでは当然のことながら対応できない。そういった要因も後押して、学校、地域、家庭、社会の連携が注目・強化、子どもの健全育成への取り組みが一層進むことになった。

　その後、「全国子どもプラン」の実績と2002年度からの完全学校週5日制の実施にともない、地域の人材を活用した子どもの放課後や週末の活動支援やボランティア活動等の奉仕活動・体験活動の総合的な推進を図るため「新子どもプラン」が策定された。そしてさらに2003年からは、子どもの育ちに関わる施策については「次世代育成」の観点から子どもと家庭の支援へと総合的な支援へと転換されていくのである。

子ども・若者の自立支援

　学齢期以降の年長の子どもについては、従来から青少年施策（現行の子ども・若者施策）が中心となり、その育成支援が行われている。近年、中学生から概ね18歳までの思春期と、概ね18歳から概ね30歳の青年期の者を総称して若者と呼び、社会的自立を支援するべく様々な施策が展開されている。

　若者の自立のしにくさは、育ってきた家庭環境や個人が持つ特性など個人の事情や怠惰からのみ生じているのではない。少子高齢化、核家族化によるコミュニケーション経験不足、急速な情報化や都市と地方の分化による格差、雇用形態の多様化と就労の不安定さなど、社会や国際的な環境が大きく変化したことに起因している部分が多大にあることはいうまでもない。

　そこで国は、2003年「青少年育成施策大綱」を策定し、様々な施策を推進してきた。2008年に新たに策定された「青少年育成施策大綱」では、「はじめに」の部分で「我が国のすべての青少年が健やかな成長を遂げていけるよう、政府は、『児童の権利に関する条約』等に示されている青少年の人権の尊重及び擁護の観点も踏まえ、一人一人の青少年の立場に立って、関係行政機関はもとより、家庭、学校、地域等が連携し、取組を進めていく必要がある。」と述べている。

　こうしたことを受け、2009年に成立した「子ども・若者育成支援推進法」、2010年に策定された「子ども・若者ビジョン」に基づいて、現在の青少年育成が展開されている。「子ども・若者ビジョン」では、すべての子ども・若者に対して①自己形成支援、②社会形成・社会参加支援、③健康と安心の確保、④若者の職業的自立、就労等支援を掲げているほか、困難を有する子ども・若者やその家族の支援、子ども・若者の健やかな成長を社会全体で支えるための環境整備が掲げられている。

第4節　子育てに関わる支援課題

(1) 子育て支援のための環境整備

　子どもの育ちに関わる様々な取り組みは、頼りとするところの家庭や地域の子育て力に負うところが大きい。近年、急速に進んだ高齢化と経済不安、都市と地方の地域格差は、子どもの共同体験をコーディネートする側の成人の生活からも共同体験を奪い、地域の教育力そのものを低下させた。こういった流れに対応して、次世代を担う子どもを育成する家庭を社会全体で支援する観点から、2003年7月、地方公共団体及び企業における10年間の集中的・計画的な取組を促進するため、「次世代育成支援対策推進法」が制定された。

　そこでは、地方公共団体及び事業主が、次世代育成支援のための取り組みを促進するために、それぞれ5年ごとに行動計画を策定し（前期計画：2005年度～2009年度、後期計画：2010年度～2014年度）、ニーズ調査に即した目標数値を設定しながら、それを確実に実施していくことをねらいとしたものである。次代の社会を担う子どもが健やかに生まれ、かつ育成される環境の整備には、地域における子育て支援、親子の健康の確保、教育環境の整備、子育て家庭に適した居住環境の確保、仕事と家庭の両立についてなど、生活を取り巻く様々な分野が相互に連携し、調整し合うことが必要とされる。

　1.57ショックを契機に1990年代から本格的に取り組まれた少子化対策は、すぐには効果が表れず、合計特殊出生率が低下していく中で、国は法律や制度を整える計画を次々と実行に移した。最近までの動向を表3に示したが、今もなお大きな課題として残るのは、特に都市部で解消されない保育所待機児童の問題である。

　福祉領域で子育て支援サービスというとき、そのイメージは育児負担の軽減のための制度やサービスの整備が中心となるが、家庭の育児力や教育

表3 子育て支援対策の経緯

年月	法律および施策等
1990(平成2年)	＜1.57ショック＞
1994(平成6年)12月	エンゼルプラン ＋ 緊急保育対策等5か年事業 (1995(平成7)年度～99(平成11)年度)
1999(平成11年)12月	少子化対策推進基本方針 → 新エンゼルプラン (2000(平成12)年度～04(平成16)年度)
2001(平成13年)7月	仕事と子育ての両立支援等の方針（待機児童ゼロ作戦等）
2002(平成14年)9月	少子化対策プラスワン
2003(平成15年)7月	少子化社会対策基本法　　次世代育成支援対策推進法 (2005(平成17)年度～14(平成26)年度)
2004(平成16年)6月	少子化社会対策大綱
2004(平成16年)12月	子ども・子育て応援プラン (2005(平成17)年度～09(平成21)年度)
2006(平成18年)6月	新しい少子化対策について
2007(平成19年)12月	「子どもと家族を応援する日本」重点戦略　仕事と生活の調和(ワーク・ライフ・バランス)憲章　仕事と生活の調和推進のための行動指針
2008(平成20年)2月	「新待機児童ゼロ作戦」について
2010(平成22年)1月	子ども・子育てビジョン　　子ども・子育て新システム検討会議
2010(平成22年)6月	子ども・子育て新システムの基本制度案要綱
2010(平成22年)11月	待機児童解消「先取り」プロジェクト
2012(平成24年)3月	子ども・子育て新システムの基本制度について

厚生労働省編『厚生労働白書（平成23年版）』（資料編），2011，p.173を一部改変

力を高める取り組みも当然重要である。子育て家庭の相談窓口として、市町村、児童相談所、福祉事務所、家庭児童相談室、教育相談所、児童家庭支援センターなどがあげられる。特に親に成りたての乳幼児のいる家庭においては、気軽に身近な所で相談できる場が必要である。

　育児の知識や技術を高めたり、他の子育て中の親との交流により、育児の孤独感や負担感を解消し、充実感につながるヒントを得ることができる機会の提供などを行う「地域子育て支援拠点事業」は、次世代育成支援対策推進事業として2005年以降、児童館、学童保育所、保健センター、地域子育て支援センターなどで展開され、全国的に広がりを見せている。また現在、本来入所している園児のみを対象にしてきた保育所も、従事する保育士の専門技術と知識を地域の資源として提供しており、重要な地域子育て支援の場としてその役割と活躍が期待されている。

(2) 家庭教育支援による親支援

　家庭教育や育児力を高めるという事業は、子育て支援事業が展開されるよりも早い時期から文部科学省によって取り組まれてきた。それは、社会教育の取り組みとして、1950年代半ばからの家庭教育学級に始まり、1975年には乳幼児期家庭教育推進事業として、急速に全国に普及していった。こうした事業は、当時問題となっていた青少年の非行に対して、乳幼児期における家庭教育の重要性と親の学習の必要性を指摘した社会教育審議会の建議に基づいて着手されたものであり[14]、現在も継続されている息の長い事業といえる。その対象は乳幼児に限らず、学童期、思春期の子どもを持つ親まで、それぞれの対象別に学習課題を設定し、多くの自治体で取り組まれている。

　親が子に対して行う教育が家庭教育であるが、家庭内に閉じて家庭教育を行うのではなく、このような事業をとおして学校や公民館などの社会教育施設で学び合う親同士が仲間をつくり、親も子も地域や社会で他者との

つながりや関わり合いを持つことが、家庭教育の内容を豊かにし、家庭教育の目的である子どもの社会的自立と親が子育てを通じて自らの人生を豊かにしていく効果を生むといえる。またその支援者同士がつながりを広げていくことにより、子どもと親の育ちを豊かに支えることを可能にするのである。

　2012年3月、家庭教育支援の推進に関する検討委員会がまとめた報告書「つながりが創る豊かな家庭教育〜親子が元気になる家庭教育支援を目指して〜」では、現代を「家庭教育が困難になっている社会」としたうえで、家庭教育支援のあり方の方向性として①親の育ちを応援する、②家庭のネットワークを広げる、③支援のネットワークを広げることをあげている。

　そこでの具体的な方法としては、まず「親の育ちを応援する学びの機会の充実」に対して親の育ちを応援する学習プログラムや社会的課題に対応した学習内容の充実、様々な地域資源、幼稚園・保育所や小学校等の場、職場など、多様な場を活用した学習機会の提供、将来親になる中高生の子育て理解学習の推進などがあげられている。

　また、「親子と地域のつながりをつくる取組の推進」には、家庭を開き、地域とのつながりがつくられるよう、参加するに当たって敷居を低くして誰でも参加しやすい内容と場を選定することや、学校・家庭・地域が連携した活動の促進などがあげられている。さらに「支援のネットワークをつくる体制づくり」では、地域人材による家庭教育支援チーム型支援の普及や課題を抱える家庭に対する学校と連携した支援の仕組みづくり、人材養成と社会全体の子育て理解の促進が必要である、としている。

　家庭教育支援の要点は、子どもの誕生から自立まで切れ目のない支援を行うことであり、それには既存の場や機会の提供だけでなく、その場にアクセスが難しい家庭には届ける支援（アウトリーチ）と、子育てに深く関連する保健や福祉等の他領域との連携が求められる。そしてこの取り組み

は、多様な世代が関わり合う社会で子どもの育ちを支えることにつながっていく。そうした点で、地域の状況や課題に違いがあるのはもちろんのことであるが、人材の養成や地域の資源の活用について、具体的な取り組みの手順やモデルを共有して活性化を図ることが重要である。

　まとめにかえて〜福祉と教育のつながりを求めて
　今の子どもには、小学生では「子どもの社会的役割」「大人の規範としての役割」「家庭の規範」「コミュニケーション能力」などが、また中高生では「肯定的アイデンティティ（自己統制力、自尊心、目的意識、将来展望）」などが不足しているといわれている。子ども自身が選択、決定するという機会が少ない受動的な教育環境のもとでは、達成感や自己肯定感を育てることは当然のことながら難しい。そのため、子どもが家庭や地域、学校で様々な役割を持ち、自分を活かしていく力を身につけることができるような環境づくりが必要なのである。

　そして、子育て支援がまだ十分ではなかった過渡期の時代に育った世代が、現在の親たちである。家庭教育支援や子育て支援において親への指導を行うことは、補完としては必要なことであるが、成人した親世代に対して主体性を尊重し、能動的に取り組めるような学習支援が不可欠である。このような主体的な学習活動をとおして、親として、社会のメンバーとしての役割認識と自信が持てれば、その世代は、次の世代を支援する側になっていく。そしてこのように地域社会の中で支援の循環システムを創り出すことができれば、子どもが豊かに育ち、安心して子育てできる時代が期待できるのではないだろうか。

　そうした意味で、子どもの成長と子育てを支えるには、教育と医療・福祉、労働などの領域を超えた協働による地域づくりが必要である。とりわけ教育分野には、子どもや親に対する多彩な学習プログラムや学習支援の方法・技術があり、そして福祉にはソーシャルワークとして困難な状況を

支援するサービスや方法そして具体的な援助技術がある。さらにこれからの児童福祉は、対症療法的に困難事例を扱うだけでなく、あわせて困難を予防することにも取り組まなければならないわけであるが、その予防に最も効果的に対応できるのが教育である。効果が表れるには長い時間を要するが、人の行動様式と意識変容は社会変化に直結する。

　子どもや子育て家庭はもちろんのこと、それを取り巻く人たちもまた地域づくり・社会づくりの主体であり、貴重な人材である。分野や領域を超えた「協働」や「ネットワーク」、「連携」は、現代社会において低下した地域力の再生のキーワードとなっている。子どもの育ちを支えるには、何よりも上述した福祉と教育の相互のつながり、そして真の協働が求められるのである。

＜注＞
（１）「合計特殊出生率」とは、15歳から49歳までの女性の年齢別出生率を合計したもので、一人の女性が仮にその年次の年齢別出生率で一生の間に産むとしたときの子どもの数に相当する。
（２）「1.57ショック」とは、「ひのえうま」という特殊要因により意図的に出産を避けた1966（昭和41）年の合計特殊出生率1.58（過去最低数）を自然減少により下回ったことが判明したときの衝撃を指している。
（３）内閣府「少子化社会対策に関する子育て意識調査」（2005年）、内閣府「少子化社会に関する国際意識調査」（2011年）を参照されたい。
（４）（　）内は調査対象を示している。
（５）福祉犯とは、青少年保護育成条例違反、風俗営業関連の違反、児童福祉法違反、「インターネット異性紹介事業を利用して児童を誘引する行為の規制等に関する法律」（出会い系サイト規制法）違反、未成年者飲酒禁止法違反、児童買春、児童ポルノ禁止法違反などの犯罪をいう。
（６）内閣府『平成23年版 子ども・若者白書』、2011年、p.44
（７）社会保障審議会児童部会児童虐待等要保護事例の検証に関する専門委員会「子ども虐待による死亡事例等の検証結果等について（第７次報告）概要版」

（2011年7月）
（8）相対的貧困率とは、年収が全国民の年収の中央値の半分に満たない国民の割合を指す。その国の一般的な生活レベルと比べて非常に貧しい状態の人が国民全体の中に占める割合であり、国や地域により違うが、実態に即したものである。日本で例えるなら、「家を借りられない」「きちんとした服装ができない」「修学旅行などの学校行事に参加できない」といった状況のことを指す。
（9）厚生労働省「平成22年国民生活基礎調査の概況」
（10）駒村康平・道中隆・丸山桂「被保護母子世帯における貧困の世代間連鎖と生活上の問題」、『三田学会雑誌』103巻4号、慶応義塾経済学会、2011年1月
（11）「ホスピタリズム」は、イギリスの児童精神医学者ボウルビイが発表した、子どもがその発達の早期に母親から分離され、施設や病院等の大きな集団で長期間生活することで、成長発達に遅れが見られたりするという研究結果をいう。これには否定する説もあり、この論争は、施設ケアの意義やその問題点、ケアに関する議論を触発した。
（12）「オレンジリボン運動」は、2004年栃木県小山市で起こった児童虐待による2児の死亡事件を契機に2005年、栃木県小山市の「カンガルーOYAMA」という団体が、二度とこのような事件が起こらないようにという願いを込めて、始めた子ども虐待防止活動である。（オレンジリボン公式運営サイト　http://www.orangeribbon.jp/　参照）
（13）現在は、2010年4月に施行された「子ども・若者育成支援推進法」に基づく法定白書として、毎年、「子ども・若者白書」を作成し、内閣府より刊行している。
（14）小木美代子「"子育て・子育ち支援"取り組みの流れ——自主的子育てサークルの動きと政策動向に視点をあてて」、『月刊社会教育』2004年3月号、p.5

第6章　地域福祉の視点から見た高齢者学習支援の課題

宮島　　敏
杉野聖子

第1節　地域福祉問題と生活課題

(1) 人間の生活とコミュニティ

　人は居住地域を拠点とし、職場や学校その他自分の生活に関連する場を行き来しながら暮らしている。暮らしにおいては、大小様々な困り事や問題が必ず発生する。人はそれらを解決したり、共有したり、時には回避しながら生活を送っている。「どうすれば解決できるだろう」「どうすれば問題が問題でなくなるのだろう」「どうすれば避けられるだろう」と知恵を絞るのが人であり、そのため自分で努力することを「自助」という。しかしながら実際には、一人の力では限界がある問題もあり、そのような問題は様々なアイディアや力を持った他の人の力を借りることで解決できることが多い。このように人々がともに助け合い努力し合うことを「共助」といい、それは人々が集い、つながり、コミュニティを形成することで成立する。

　1日の生活時間の構成は、世代や職種によって様々である。それぞれにとってのコミュニティ（共同体）は、居住地域である市町村をさすだけではなく、職場・学校・同世代・性別による集団、同じ趣味・興味・課題を共有するグループなど様々である。しかも誰もが生活の中で家やそれに相当する拠点や場所を持ち、多くの時間をそこで過ごしている。さらに就学や就労の時期を除けば、平均寿命が2010年段階で男性79.64歳、女性86.39

歳という中で、居住地域を拠点とする時間はもっと大きな割合を占めるはずである。

本稿では、「コミュニティ」「地域社会」「地域」という場合、これを住まう拠点を置いている場所とそこにともに暮らす人たちの共同体として位置付けて話を進めたい。

(2) 地域福祉問題と生活問題

生活問題や地域問題に関する学習などは、人々が日常生活の中で、こうした問題をどのようにすれば解決できるのかというニーズに基づいて行われてきた。例えば、1967年から12年間にわたって京都府教育委員会が実施した「ろばた懇談会」などに代表されるように、小地域（生活圏域）をベースに住民が行政職員とともに地域の課題について話し合い、学びあう取り組みは、問題の背景、原因、条件を捉え直し、住民の問題の意識化と解決への取り組みを生み出した。そして同様の学習支援の取り組みは、全国の社会教育施設・機関、特に公民館での住民との協働事業や住民の自主的な学習活動の支援として展開されてきている。このように多くの社会教育施設・機関は、地域課題や生活課題を解決するための拠点としての役割を担っており、それゆえに社会教育の職員はそうした課題に熟知していなければならないのである。

ここでは、社会教育と地域福祉の関係を考察する一例として、埼玉県鶴ヶ島市の例を取り上げる。まず鶴ヶ島市公民館運営審議会答申「地域づくり・まちづくりの拠点としての公民館のあり方について」(2008年5月)について見てみる。この答申は、公民館利用者を中心に構成される公民館運営審議会が策定し、地域の現状と課題の分析を踏まえながら住民全体の取り組み方、公民館の役割とあり方について提言したものである。そこで挙げられた地域課題は4つ、すなわち①防犯・防災・コミュニティ、②子ども子育て支援、③介護予防・健康づくり、④環境・自然教育、である。

これらの課題は、その後、公民館での学習課題として取り組まれていくことになる。

　一方同時期に「鶴ヶ島市地域福祉計画」も策定されている（2007年3月）。「地域福祉」とは、地域に暮らす全ての人にとって安心して生活できる場になるよう、住民自らが考え協力して取り組むという理念である。また「地域福祉計画」とは、市町村・都道府県が地域住民の意見を十分に反映させながら策定する計画(3)であり、これからの地域福祉を総合的に推進する上で大きな柱になるものである。その基本目標は4つ、すなわち①みんなで地域のコミュニティをつくる（ⅰ世代間交流の推進、ⅱ交流の拠点づくり、ⅲ自治会活動の推進）、②みんなで支え合いのシステムをつくる（ⅰ地域の支援体制の推進、ⅱ地域福祉の担い手づくり、ⅲ必要な情報が行き渡る仕組みづくり）、③みんなで安心して暮らす（ⅰ地域で防犯・防災計画、ⅱ市民の権利を守る仕組みづくり、ⅲノーマライゼーションのまちづくり）、④みんなでいきいきと暮らす（ⅰ健康づくり、ⅱいきがいづくり）、である。そしてこれらの基本目標の達成に向けて、それぞれ課題を掲げている。

　以上の「答申」と「計画」を比較すると、同じ地域の課題であるがゆえに共通点も多い。その理由は、個人の置かれている環境が家庭、地域、組織、社会などと相互に密接に関連しているからに他ならない。つまり生活の問題とは、労働、福祉、医療、教育それぞれが別個にあるものではないということである。このように生活問題は多くの領域をまたがり相互に関連しあっているため、問題の所在を明らかにし、解決策を導き出す有効な方法も複雑になる。それゆえに同じ地域内の生活問題は、いわゆる行政の縦割りの機関の対処ではもはや手に負えなくなってしまっているのである。

(3) 高齢者の学習支援の課題

　今日の地域社会において解決すべき課題は、福祉問題にあるといって過言ではない。その中で、とりわけ高齢社会の問題は大きな割合を占めるが、

地域社会で暮らす高齢者にとって、また取り巻く環境にとって、社会教育に期待される役割とは何であろうか。

社会教育が制度として整備され様々な事業が展開されていても、学習の機会に恵まれない人々の存在は社会的な問題である。そもそも学習への動機づけは、問題解決への意識をもつことから始まる。したがって問題意識をもつ余裕すらない生活や環境にある人は、問題が何かさえわからないまま、さらに学習機会が提供されていることを知らないまま、日々を過ごしているのが現状ではないだろうか。これは高齢者に限らない課題だが、特に高齢期においては「今さら学習なんて」という反発もあると聞く。楽しく過ごす、幸せに過ごすためのキーワードに「いきがい」があるが、それはまさに生活の質（QOL）の向上を意味し、そこにおいて学習文化は不可欠なものである。

全ての人に保障された学習権を活かされたものにしていくためにも、歴史的経過をふまえて現代の生活課題や地域課題への取り組みを検討しなければならない。以下、福祉問題＝地域問題≒学習課題と捉え、すでに到来している高齢社会における学習支援のあり方について考える。

第2節　日本が抱える福祉問題

(1) 第二次世界大戦までの社会状況

日本において現在の社会福祉が扱う事象については、生活問題、なかでも貧困問題を中心に取り組まれてきた。古くは奈良時代から近代に至るまで、要支援者に対する支援は、篤志家による私的な慈善事業と第一の救済義務を近親者による親族相救に求める養護の策によってなされ、公的な支援は補足的なものであった。一方で社会福祉の概念は、1601年イギリスでのエリザベス救貧法の成立以来、とりわけ資本制社会の形成に関わって救貧法の人道主義化ともいうべき新救貧法（1934年）を筆頭に、欧米を中心

に紆余曲折を経て発展してきた。それは公的扶助－社会保険－雇用というセーフティネットの順であり、現代社会に繋がる。社会保障・社会福祉は経済社会の成り立ちに規定されているため、福祉問題はその国ならではの文化的特徴をもち極めて社会性を帯びている。

　近代化を急いだ日本は、明治期以降の軍事・重工業整備の優先順位が高く、その人材の供給源は当時人口の7～8割を占める農村にあった。人材の養成は、政策遂行を担う数パーセントのエリートと多数の兵力や労働力に分化され、エリート養成は旧学校教育制度の高等教育によって、またそれ以外の多くは公民教育によって臣民として担保された。一方で生活問題の解決は、地域社会において「講」「もやい」「結い」「こうろく」等の相互扶助活動を中心とした隣保相扶、つまり家庭の問題は家族や親族などの基本的な小規模集団で解決するという伝統に頼り、恤救規則(4)によって公的責任は限定されたものであった。

　しかし大正期・戦前の昭和期に連続して起きた米騒動・関東大震災・金融恐慌・世界大恐慌・大凶作は、これまでの隣保相扶による対応の限界を示した。それは、娘の身売りや心中の頻発などによる疲弊した農村の窮乏化にあらわれ、国は農村社会事業に取り組むことになる。一方では帝都東京にも貧民窟が出現し、社会状況は貧富の拡大の解決のための方法を模索するところとなる。明治期の後期以降に台頭する社会主義運動への対策と相俟って、救護法制定（1929年公布、1932年実施）の実現へと繋がるが、日中戦争（1937年）により戦時厚生事業が編成され、社会事業の実践も戦時厚生事業に巻き込まれることになる。

（2）地域福祉の歴史的展開

　生活問題や貧困問題は国家の責任であるという視点は未確立だったが、わが国の近代化の過程では欧米の影響によって慈善事業や隣保事業が活発に取り組まれた。それは、民間社会事業における片山潜のキングスレー館

設立(明治30年)や学生セツルメント活動、隣保館活動などである。こうしたセツルメント活動は、貧困地域などに定住して問題解決に取り組むことを重視し、家族などの個人単位の扶助から地域社会を基盤に支援体制を整備するようになる。その活動は、就労児童のための夜間学校、託児所・託老所の機能や内職の斡旋、学習会による教育福祉機能など、地域社会の問題は地域社会で解決を図るという、いわば地域福祉理念の原型として実践的に展開された(5)。

　第二次世界大戦後の社会福祉の確立は、連合軍総司令部(GHQ)公衆衛生・福祉局(PHW)と密接に関連する。GHQ/PHWの基本政策は、日本国憲法の生存権に依拠する国家責任の明確化と公私責任分離の原則である。敗戦後の貧困と混乱状態にある社会の中で、生活問題は各種の給付や施設入所という対応によって賄われ、その結果特定の少数の人々の問題とされるようになったのである。

　戦後復興期の喫緊の課題は、児童、身体障害者、生活困窮者の救済であり、法整備が優先的になされた。知的障害者、母子、高齢者の救済は、関係者の取り組みもあって高度経済成長期の1960年代に広がり法律が整備されるが、概ね各種の給付や施設入所を基本としていた。しかし地域社会においては、法的にも行政的にもその枠外の支援活動が取り組まれており、それらの取り組みに密接に関係した共同募金会や社会福祉協議会による活動が地域福祉を意味するものとされた。

　1970年代にイギリスで始まったコミュニティケアは、様々なハンディキャップをもつ人々が地域社会の中で他の市民と同じ自立生活を送れるように支援するものである。日本は急速な社会の高齢化を迎えるにあたり、この考え方を導入し政策的に取り組むことになる。1980年代には、施設入所中心のサービスから通所・訪問中心の在宅福祉サービスへと移行を始め、それとともに実体が中心であった地域福祉は、その理論化が進むとともに実践的位置づけも多様化するのである。

第6章　地域福祉の視点から見た高齢者学習支援の課題

(3) 少子高齢化と介護・福祉・医療

　日本は少子高齢社会といわれて久しい。1970年に国連のいう老年人口比率7％を超えて"高齢化社会"を迎えた。そして1994年に14％を超えて"高齢社会"に、さらに2006年には21％以上の"超高齢社会"となった。このような急速な高齢化は他国に例を見ない（表1）。これは医療技術の発達、生活の変化などによる平均寿命の伸長と出生率の低下による少子化の進展を主要因とするが、人口構成比の変化以上に社会に大きな影響を及ぼしている。高度経済成長期に農村部からの都市部工業地帯への人口流入によって生まれた新しい少人数家族（核家族）は、かつて同居家族が果たしてきた保育や障害者、高齢者への介護力を低下させ、その問題を社会的対応によって解決する必要性を生み出した。

　高度経済成長による豊かな財源を背景に、1970年代初頭にはこれらの諸課題に応えて"福祉元年"を標榜し、福祉国家に向けたスタートを切るが、1973年のオイルショックを契機に経済成長は陰り、その見直しが図られることになる。こうして"高齢化社会"以降の福祉問題には、サービス形態・費用・福祉介護に携わる人の確保・医療・少子化に伴う公的年金制度など、従来型の対応に限界が見られるようになるのである。

表1　人口高齢化速度の国際比較

国名	65歳以上人口比率の到達年次		所要年数
	7％	14％	
日本	1970年	1994年	24年
アメリカ	1945年	2014年	69年
イギリス	1930年	1976年	46年
ドイツ	1930年	1972年	42年
フランス	1865年	1979年	114年
スウェーデン	1890年	1972年	82年

福祉士養成講座編集委員会編『新版社会福祉士養成講座2　老人福祉論　第5版』p.37

表2　男女別「一人暮らし高齢者」数の推移 — 全国（平成7年～22年）

男女	年次	65歳以上人口（千人）	うち一人暮らし高齢者数（千人）	65歳以上人口に占める割合（％）
総数	平成7年度（1995年）	18,261	2,202	12.1
	平成12年度（2000年）	22,005	3,032	13.8
	平成17年度（2005年）	25,672	3,865	15.1
	平成22年度（2010年）	29,246	4,791	16.4
男	平成7年度（1995年）	7,504	460	6.1
	平成12年度（2000年）	9,222	742	8.0
	平成17年度（2005年）	10,875	1,051	9.7
	平成22年度（2010年）	12,470	1,386	11.1
女	平成7年度（1995年）	10,757	1,742	16.2
	平成12年度（2000年）	12,783	2,290	17.9
	平成17年度（2005年）	14,797	2,814	19.0
	平成22年度（2010年）	16,775	3,405	20.3

総務省　統計局　国政調査より

　少子化は労働力人口の減少をもたらし、高齢化と合わせて人口構成の歪さは家族形態と世帯構成を変化させた。男性の10人に1人、女性の5人に1人が一人暮らしの高齢者である（表2）が、このことは高齢者の生活支援を深刻化させるものとなる。社会的介護が提唱される一方で、いわゆる老老介護や高齢者虐待などの問題も起きている。介護保険制度の導入（2000年）によって、社会全体で担うべく制度の拡充が図られてきたが、増大する医療費や財源問題、介護従事者の育成など、その需要が高まるにつけ、新たな課題が年々発生し、制度は数年単位で変更を余儀なくされている。

　このような状況における介護・福祉・医療その他の実践現場での課題は、従来の公費に依存した事業展開に縛られることなく、在宅の介護・福祉・療養という地域生活への支援と連携するところにある。

（4）セーフティネットとしての福祉・教育

　1990年半ばのバブル経済崩壊以降の政治や経済は安定性を欠き、人々の

生活における不安は深刻化している。また一部の富裕層と貧困層に分断された「格差」社会の出現は、雇用・労働問題の深刻さとも重なって高度経済成長期に育まれた中流意識を崩壊させてきており、この「格差」現象は、経済から労働、福祉、医療、教育など幅広くに及んでいる。

そもそも社会における安定した暮らしは、雇用、社会保険の順によって保たれ、最後のセーフティネットとして公的扶助がある。だが喫緊な問題は、従来終身雇用を基本としてきた雇用制度が崩壊し、その問題が中年層のみならず若年層にも及んでいることである。また若年層に限れば、親世代の経済格差が「就職」に立つべきスタートラインを歪め、教育投資的な自由放任主義は、生活環境の格差による不公平な状態をこの10年余で公然化させたのである。

このような状況に対して、公的責任の拡大か市場経済の拡大（市場化・工業化・金融化）が唯一の解決であるかのような対立（オールドレフト・ニューライト）が見られる。たとえ市場経済の拡大が優勢であっても、そもそも福祉・介護は市場経済が普及する以前から存在する領域であり、もともと市場経済になじまない。[6]教育もまた然りである。そのことはイギリス工場法の成立（1881年）にも貢献し、フレーベルよりも先んじて幼児教育に取り組んだR.オーエンの環境決定論を待つまでもない。この場合は、生活保障として潜在能力の開発や自己実現の機会を就学期の段階で保障することを指すが、経済の高度成長期やそれ以降に成人になった世代には、福祉や教育を介した異なる生活保障の仕組みが担保されるべきである。

もともと生活問題は生活課題や地域課題と関連し、生活課題や地域課題はコミュニティと切り離すことができない。生活保障の課題は単なる所得の保障だけではない。人々に必要なのは、誰かとのつながりを通して気にかけられることであり、生きる意味と張り合いを見出すことができる場である。そのような場があるならば、人々は多少の困窮にも耐えられるかもしれないが、そのような「生きる場」から切り離された時に生きる困難さ

が生じる。このようにとらえると、セーフティネットの確立、つまり社会保障の内容の検討とコミュニティにおけるつながりが重要となるのである。

　地域福祉問題と生活課題として高齢者の福祉と教育の問題にひきつければ、第1節の（3）にある「生活の質」の向上が重要となることは、ヒューマンニーズ（A.H.マズロー）の面からもうかがえる。つまりどの段階にあっても、その人の「いきがい」が存在するからである。地域福祉に参加する住民と地域社会との間の矛盾こそが、地域福祉の諸問題の証左である。コミュニティで展開されるこれらの営みで重視されるべきは、問題解決に向けた個別の変化が周囲の仕組みに影響を与え、かつ周囲の仕組みに変化を与えることが個別の問題解決にもつながるという相互関係である。それゆえ住民の主体形成は、コミュニティにおける諸活動に関わり、そこでの矛盾の解決を図る力量をもつことよって可能となるのであって、既存の在宅福祉サービス利用を適切に利用できるようになることではない。福祉・介護と教育・学習いずれの場合も、地域社会に脈々と流れ続けているこの相互関係をていねいに組織化することが大切である。

（5）地域福祉理論・概念の広がり

　地域福祉が法制化されてからは、地域で取り組まれる福祉的な事業や活動が地域福祉として括られて理解されているが、地域福祉の理論や定義は、その時代を映す鏡のように多様でかつ発展的である。それらの一端を1960年代以降の地域福祉関連略史を参考にしつつ、以下、年代を区切って概略を記す（表3）。

　1960年代の特徴は、地域住民の福祉増進を目的とするコミュニティ・オーガニゼーション（住民組織化活動）やコミュニティ・ディベロップメント（地域共同社会開発）という手法による実践と、コミュニティケアの考え方の導入である。岡村重夫は地域福祉事業を、地域社会の全体構造（地域性）と住民の社会生活上の基本的要求充足を目的とする社会福祉の

表3　1960年代以降の地域福祉の関連略史

	地域福祉に関する国内外の動き	地域福祉理論・概念の形成	社会教育・生涯学習に関する国内外の動き
1963	老人福祉法(特別養護老人ホーム)		
1965			生涯学習(P.ラングラン)、高齢者学級開設の委嘱
1967	経済社会発展計画(閣議決定)		
1968	シーボーム委員会報告(イギリス)		
1969	東京都におけるコミュニティケアの進展について(東京都社会福祉協議会)、コミュニティ-生活の場における人間性の回復-(国民生活審議会コミュニティ問題小委員会		
1970	新経済社会発展計画に関する件(閣議決定)社会福祉施設の緊急整備について(中央社会福祉審議会)	地域福祉研究	
1971	コミュニティの形成と社会福祉(中央社会福祉審議会)コミュニティに関する対策要綱(自治省)	アドミニストレーション	高齢者学習活動促進方策の開発
1972	「老人ホームのあり方」に関する中間意見		
1973	福祉元年、老人福祉法改正(70歳以上医療費無料)、オイルショック		高齢者教室の開設に関する助成
1974	今後の老人対策について提言(老人問題懇談会)		
1975	社会福祉教育のあり方について(中間答申)		
1976	昭和50年代前期経済計画(閣議決定)		
1978		対人福祉サービス	
1979		在宅福祉サービスの戦略、方法論	高齢者人材活用事業に対する助成
1980	社会福祉政策の新理念（社会経済国民会議）		
1981	新たな福祉施設活動の展開(全国社会福祉協議会)	地域福祉組織論	
1982	バークレイ報告(イギリス)、老人保健法第1回高齢化世界会議		社会教育法一部改正
1983	保健事業(医療を除く)の推進方策について(答申)		
1984	老人福祉施設の今後の在り方―我が国における中間施設の是非を中心として―(社会保障制度審議会事務局)	構造的概念・機能的概念	
1985	「中間施設」についての意見書(「中間施設」を考える会)	コミュニティケア、小地域活動	
1986	長寿社会対策要綱	コミュニティケア、小地域活動	
1987	老人保健法改正(老人保健施設)社会福祉士法及び介護福祉士法	社会福祉経営	
1988	グリフィス報告(イギリス)		
1989	ゴールドプラン	実践モデル	長寿学園開設事業に対する助成

年			
1990	社会福祉関係八法改正	自治型地域福祉	
1991	老人保健法改正(老人訪問看護制度)		
1993	障害者基本法	規定要件	
1994	新ゴールドプラン、エンゼルプラン		
1995	社会保障体制の再構築に関する勧告障害者プラン、高齢社会対策基本法、地域福祉の展開に向けて(中央福祉審議会地域福祉専門分科会小委員会)	福祉教育	地域生涯学習振興基本構想の協議にかかる判断の基準
1996	高齢社会対策大綱、「ふれあいまちづくり事業」実施について(厚生省社会・援護局長)		
1997	介護保険法制定、特定非営利活動促進法		中央教育審議会第2次答申(中央教育審議会)
1998	日本高齢者NGO会議、特定非営利活動促進法	民間非営利組織	
1999	地方分権一括法、国際高齢者年、モントリオール宣言、「市町村社協における広域ネットワークによる地域福祉・在宅福祉推進事業」(中間報告)		社会教育法一部改正
2000	介護保険法施行、社会福祉法の改正、新エンゼルプラン、ゴールドプラン21、「社会的な援護を要する人々に対する社会福祉のあり方に関する検討会」報告書(厚生省)		
2001	高齢者対策大綱2001、厚生労働省発足		社会教育法一部改正
2002	第2回高齢化世界会議		
2003	ソーシャルキャピタル:豊かな人間関係と市民活動の好循環を求めて(内閣府)		公民館の設置及び運営に関する基準改正
2004	生活保護制度の在り方に関する専門委員会報告		
2005	セーフティネット支援対策等事業、介護保険法改正、コミュニティ機能再生とソーシャル・キャピタルに関する研究調査報告書(総務省)	ソーシャルワーク理論、福祉社会開発	
2006	今後の社会保障の在り方について(社会保障の在り方に関する懇談会)		改正社会教育法
2007	社会福祉士法及び介護福祉士法改正	地域福祉計画・評価	
2008	地域における「新たな支え合い」を求めて(これからの地域福祉のあり方に関する研究会)	貧困と地域再生	
2009	今後の検討のための論点整理(地域包括ケア研究会)		
2010	地域力創造に関する有識者会議最終取りまとめ(総務省)		
2011			
2012	社会企業家と自治体等の協働による地域活性化の新たな展開に関する調査研究(財・中小企業総合研究機構)		

(地域福祉理論・概念の形成欄は、岩田正美監修 野口定久・平野隆之編著『リーディングス日本の社会福祉6 地域福祉』日本図書センター、2011 p.4の図1「文献の領域軸と時間軸による配置」より作成)

固有性（福祉性）、すなわち「地域性の原則」と「福祉性の原則」を統合するものであるとした。[8]

　こうした地域福祉の考え方が実体化してくるのが1970年代からである。右田紀久恵は、生活上の諸問題を解決する視点を地域に定め、そこにおける住民の生活上の諸問題を社会問題として認識・把握するところに地域福祉概念の固有性があるとした。その上で、地域社会における生活問題を生活原則・権利原則・住民主体原則に基づいて軽減・除去または発生を予防する社会的方策であるとし、それは地域住民の生活権保障と個としての社会的自己実現を目的とする公私の制度・サービス体系及び地域福祉計画・地域組織化・住民運動を基礎要件とするとした。[9]

　1980年代には、ボランティア活動や住民参加型の福祉サービスが拡がる。永田幹夫は、地域福祉の構成要素として、地域で暮らす要援護者の自立と統合を目的とした在宅福祉サービス、環境改善サービス、組織活動の３つをあげた（『地域福祉組織論』全社協、1981年）。牧里毎治は、これまでの地域福祉論のアプローチを構造的概念と機能的概念に区分し、前者を政策制度的アプローチ（右田紀久恵・井岡勉）と運動論的アプローチ（真田是）に、後者を主体論的アプローチ（岡村重夫）と資源論的アプローチ（永田幹夫・三浦文夫）に整理した（「地域福祉教室」、『地域福祉の2つのアプローチ論』有斐閣、1984年）。またこの時期公共性を前提にした公的責任のあり方についての議論が高まる中で、京極髙宣はナショナル・ミニマムに対するローカル・オプティマム（それぞれの地域に適した方法や形態）を市民参加型福祉経営のあり方として提唱した（『長寿社会の戦略』第一法規、1987）。

　1990年代は、福祉関係八法改正により市町村を中心とした在宅福祉サービスの計画的な整備がなされた。そうした中、右田紀久恵は地域性の基盤を住民自治・地方自治にすえ、自治型地域福祉論を提起した（『自治型地域福祉の展開』法律文化社、1993年）。一方、大橋謙策は地域福祉実践から地域自立生活支援を軸に主体形成・住民参加を展開し（『地域福祉論』放送大

学教育振興会、1995年）、また学校教育に福祉教育を位置づけた。

　2002年に岡本栄一は、主要な地域福祉理論における志向性の違いを分析し、地域福祉論を①コミュニティ重視志向（岡村重夫・阿部志郎）、②政策制度志向（右田紀久恵・井岡勉・真田是）、②自治型地域福祉論（右田紀久恵）、③在宅福祉志向（永田幹夫・三浦文夫）、④住民の主体形成と参加志向（大橋謙策・渡邉洋一）に類型整理した。[10]

　地域福祉の時代といわれて久しいが、地域福祉の推進が2000年の社会福祉法の改正及び改称により法目的に明記された（第4条）。また地域福祉計画が規定され、第1節で鶴ヶ島市の事例を挙げたように、行政の計画的な推進基盤整備の役割も法制度上明確化された。さらに2000年代は、社会的排除などの福祉課題が顕在化し、ソーシャル・インクルージョン、エンパワメントが新たな課題となっている。

第3節　高齢者の地域生活と学習支援

（1）社会的背景の概観

　1960年代以降の人権擁護及び保障の主な思想と行動には、公民権運動や女性解放運動、自立生活運動、ノーマライゼーションやインテグレーションなどがある。また地域・社会・国家間のマイノリティの権利性に触れた発展の権利（国連決議1986年）では、自由・平等・友愛について第三世界との関係で友愛を連帯に置きかえ、また第8条で教育・福祉・食糧・住居・雇用・収入の公平な分配を享受できる機会の均等を掲げ、すべての人々の基本的権利を主張した。それはソーシャル・インクルージョン（社会的包摂）の発想にも連なり、またユネスコの生涯教育論（1965年）や学習権宣言（1985年）は、すべての人が学びの主体であり単なる経済発展の手段ではない基本的な権利をもつことを提言した。

　わが国の福祉の領域では、世界初の単独法である老人福祉法（1963年）

がそれまでの劣等処遇観を超えて制定された。そこでは、人間の尊厳を尊重する姿勢を打ち出し、恩恵から権利への転換を図り、高齢者が生きがいをもてる社会の創造や社会的活動への参加を謳い、主体的な自立生活の営みを目指した。老人クラブ活動はその象徴的な活動の一つであり、社会参加と学習権論との接点が生んだものである。

　教育の領域では、「高齢者学級の開設の委嘱」（1965年）、「高齢者学習活動促進方策の開発」（1971年）、「高齢者教室の開設に対する助成」（1973年）、「高齢者人材活用事業に対する助成」（1979年）、「高齢者の生きがい促進総合事業に対する助成」（1984年）、「長寿学園開設事業に対する助成」（1989年）など、老人クラブ活動とも連携し、学習機会の整備が図られた。しかし介護・福祉サービスを利用する多くの高齢者は、生活構造上の理由からそれらの利用が困難なままに置かれ、学習権論もそこへの切り込みが十分だったとは言い難い。

　ところで、わが国の向老期を含む高齢者世代の抱える問題は、すでに高齢者という括りだけの個別課題として捉えきれなくなった。例えば山村部の限界集落における独居の高齢者の暮らしの問題には、高齢化率の高さや高齢者の暮らし方もさることながら、地域の繋がりの途絶えや世代間の継承がなされていない側面があり、高齢化率が50％を超えるということは要件の一つに過ぎないという指摘がある[11]。それは住宅、仕事、年金、医療、介護、子育て、家族といった諸問題が総合的にその地域に横たわっていることを示唆している。このように捉えると、この問題は地域の社会構造を巻き込んだ問題にならざるを得ない。しかも無縁社会とまでいわしめる現代社会は、農村部のみならず都市部においてもまた然りであるともいえる。

　昨今のこうした状況は、それぞれの個別課題を構造化させ、「支えあうコミュニティ」をどのように創りあげながら複合的に問題の解決を図っていくのかを問いかけている。「支えあうコミュニティ」の具体的な推進拠点の一つは「拠点となる場所」の確保であり、しかもそこが「学びあえる

居場所」であることは容易に推察される。そして学びあいの内容は、暮らしの困難さの解決にむけた自助・互助・共助・公助の関係とその間に横たわる諸般の公私の財の熟知やその活用、あるいは参加という、社会と個人の関わりそのものであることを気づかせる。それはソーシャル・キャピタルと市民活動の関係というべきものである。

(2) 高齢社会対策大綱の概要

　1970年代以降のわが国の少子高齢化の進展は、それまでの新規一括採用制度・終身雇用制度・年功序列型賃金体系とその後の年金支給を柱とした仕組みを一歩進めた社会システムづくりを必要とする。そこで国は、2001年の高齢社会対策大綱によって、旧来の画一的な高齢者像の見直し、若年期からの予防・準備の重視、地域社会の機能の活性化、男女共同参画の視点、医療・福祉・情報通信等に係る科学技術の活用を基本姿勢とした方策を打ち出した。また高齢社会対策の一層の推進を図るために、①多様なライフスタイルを可能にする高齢期の自立支援、②年齢だけで高齢者を別扱いする制度・慣行の見直し、③世代間の連帯強化、④地域社会への参画促進、を横断的な課題とした。

　こうした流れにそって、2011年度の高齢社会対策では、一般会計予算に18兆861億円を計上しており、これを各分野別で見ると、就業・所得：10兆8872億円、健康・福祉：7兆1645億円、学習・社会参加：65億円、調査研究等の推進：148億円となっている。また総合的な推進のため、社会保障改革の推進と一人ひとりを包括する社会の実現に向けて5分野にわたる具体策、すなわち就業・所得、健康・福祉、学習・社会参加、生活環境、調査研究等の推進を掲げており、それぞれ以下のような項目を網羅している。

　第一の「就業・所得」は、①高齢者の雇用・就業の機会の確保（ア知識、経験を活用した65歳までの雇用の確保、イ中高年齢者の再就職の援助・促進、

ウ多様な形態による雇用・就業機会の確保、エ起業の支援、オ年齢にかかわりなく働ける社会の実現に向けた取組)、②勤労者の生涯を通じた能力の発揮(アゆとりある職業生活の実現、イ雇用・就業における女性の能力発揮、ウ職業生活と家庭生活との両立支援対策の推進《・改正育児・介護休暇法の円滑な施行・仕事と課程を両立しやすい職場環境整備》、エ多様な勤務形態の環境整備《・多様な働き方を選択できる環境の整備・情報通信を活用した遠隔型勤務形態の開発・普及》)、③公的年金制度の安定的運営(ア持続可能で安定的な公的年金制度の確立、イ個人のライフスタイルの選択に中立的な公的年金制度の構築、ウ公的年金制度の一元化の推進、エ日本年金機構による適切な運営と年金記録問題への対応)、④自助努力による高齢期の所得確保への支援(ア企業年金制度等の整備、イ退職金制度の改善、ウ高齢期に備える資産形成等の促進)である。

　第二の「健康・福祉」は、①健康づくりの総合的推進(ア生涯にわたる健康づくりの推進、イ健康づくり施設の整備等、ウ介護予防の推進)、②介護保険制度の着実な実施、③介護サービスの充実(ア必要な介護サービスの確保、イ介護サービスの質の向上、ウ認知症高齢者支援対策の推進、エ介護に関する普及啓発)、④地域の支え合いによる生活支援の推進、⑤高齢者医療制度の改革(ア新たな高齢者医療制度の検討、イ特定健診・特定保健指導、ウ医療制度提供の改革、エ地域おける包括的かつ継続的な在宅医療の提供)、⑥子育て支援施策の総合的推進である。

　第三の「学習・社会参加」は、①生涯学習社会の形成(ア生涯学習の推進体制と基盤の整備《・生涯学習の基盤の整備・学習成果の適切な評価の推進》、イ学校における多様な学習機会の確保《・初等中等教育機関における多様な学習機会の確保・高等教育機関における社会人の学習機会の提供・学校機能・施設の地域への開放》、ウ多様な学習機会の提供《・社会教育の振興・文化活動の振興・スポーツ活動の振興・自然とのふれあい》、エ勤労者の学習活動の支援)、②社会参加活動の促進(ア「新しい公共」推進会議、イ高齢者の社会参加活動

の促進《・高齢者の社会参加と生きがいづくり・高齢者の海外支援活動の推進・高齢者の余暇活動等の充実》、ウNPO等の活動基盤の整備）である。

　第四の「生活環境」は、①安定したゆとりある住生活の確保（ア良質な住宅の供給促進《・持ち家の計画的な取得、改善努力への援助等の推進・良質な民間賃貸住宅の供給促進・公共賃貸住宅の適切な供給・住宅市場の環境整備》、イ多様な居住形態への対応《・持ち家における同居等のニーズへの対応・高齢者の民間賃貸住宅への入居の円滑化・高齢者のニーズに対応した公共賃貸住宅の供給・高齢者の高齢期に適した住宅への住み替え支援》、ウ自立や介護に配慮した住宅の整備《・高齢者の自立や介護に配慮した住宅の建設及び改造の促進・公共賃貸住宅・住宅と福祉の施策の連帯強化》）、②ユニバーサルデザインに配慮したまちづくりの総合的推進（ア高齢者に配慮したまちづくりの総合的推進、イ公共交通機関のバリアフリー化、歩行空間の形成、道路交通環境の整備、ウ建築物、公共施設等の改善、エ福祉施策との連携）、③交通安全の確保と犯罪、災害等からの保護（ア交通安全の確保、イ犯罪、人権侵害、悪質商法等からの保護、ウ防災施策の推進、エ東日本大震災への対応）、④快適で活力に満ちた生活環境の形成（ア快適な都市環境の形成、イ活力ある農山漁村の形成）である。

　第五の「調査研究等の推進」は、①各種の調査研究等の推進（ア高齢者に特有の疾病及び健康増進に関する調査研究等、イ福祉用具等の研究開発、ウ情報通信の活用等に関する研究開発、エ高齢社会対策の総合的な推進のための政策研究《・政策研究調査・高齢者の経済生活に関する意識調査》）、②調査研究等の基盤整備（ア研究推進体制等の整備、イ人材の養成等）である。

(3) 高齢者世代の動向と環境の現状

　「高齢社会白書（平成23年度版）」によると、将来推計人口では50年後に総人口は9000万人を割り込み、2.5人に1人が65歳以上、4人に1人が75歳以上に、そして年少人口、出生数ともに現在の半数以下になると予測して

いる。

　2010年度の高齢者世帯の世帯人員一人当たりの年間所得（193万円余）は、全世帯平均（208万円余）とさほど大差がなく、そのうち約6割は公的年金・恩給のみの所得世帯である。また高齢者の生活保護受給者（被保護人員）は69万人（全被保護人員は167万人）と、一貫して増加傾向にあり、その割合は2.73％と全人口に占める割合の1.31％よりも高い。

　また65歳以上の高齢者のいる世帯数を見ると、2009年段階で全世帯数の41.9％（2013万世帯）。世帯構造別の構成割合では、三世代世帯が減少傾向にあるのに対し単独世帯、親と未婚の子のみの世帯は増加傾向にある。また夫婦のみ世帯は最多の3割程度で単独世帯と併せると半数を超え、とりわけ単独世帯の増加が男女とも顕著であり、中でも男性世帯の比率の上昇が見込まれる（平成17年：女性19.0％・男性9.7％、平成42年：女性20.9％・男性17.8％）。地域別に見ると、東北地方や日本海側の地域の多くで割合が高いのが三世代世帯であるのに対し、他の都道府県では夫婦のみ世帯の割合が高い傾向にある。

　なお、健康・福祉問題では、65歳以上の要介護等認定者数は452万人余（2008年度末）と7年間で165万人余増加し、第1号被保険者の16.0％、内75歳以上の割合は21.6％を占める。また要介護者と主たる介護者の続柄は6割が同居者で、内訳は配偶者（25.0％）、子（17.9％）、子の配偶者（14.3％）。このうち男性（28.1％）、女性（71.9％）と女性が圧倒的に多く、同居する介護者の男性の65.8％、女性の55.8％は60歳以上であり、ここからも老老介護の状況を推察することができる。

　雇用情勢については、労働力人口6590万人中65歳以上が585万人（8.9％）で1980年の4.9％から上昇を続けているが、雇用情勢はここ数年悪化傾向にあり、完全失業率が上昇している。また社会参加活動では、グループ活動への参加が約6割で、今後参加を希望する高齢者は約7割であるものの、ボランティア活動への参加が31.3％で、スウェーデン（54.0％）・アメリカ

（47.1％）・ドイツ（34.2％）・韓国（17.6％）などとの比較では高いとはいえない。

（4）社会的孤立から地域の支え手に

　内閣府「高齢者の住宅と生活環境に関する意識調査」(2010年) によると、90％以上は毎日会話しているものの、単独世帯では2～3日に1回以下の割合が高く、近所づきあいや友人づきあい、グループ活動をしない人ほど会話が少ない。それは単独世帯が家庭の内外を問わず、人と関わる機会が減少していることを意味している。このことについて、全国各地では孤立しない状態を創り出す様々な仕掛けづくりに取り組んでいる。そしてそれらはいずれも教育分野の長寿学園構想と福祉分野のゴールドプランの2系統に属する。

　前者の典型的な事業としては、高齢者を対象に「〇〇大学」や「××大学院」と称する学校形式の学習の場がある。これらの先駆的事業には財団法人が運営する兵庫県いなみ野学園高齢者大学が、また近隣の複数大学と提携する都市型の東京都の武蔵野地域自由大学が著名である。

　一方、自治体や団体が高齢者の社会的な活動を促進する取り組みも見られる。この場合は、目的や対象が明確に限られたものが多い。例えば、経験を生かした子育て支援ボランティアが放課後対策事業に参加する、あるいは小学校の課外クラブ活動の指導に当たるなどである。また後者の場合、高齢者が活動時間に応じて換金可能なポイントを付与する介護支援ボランティア制度を導入し参加の促進を図る、あるいは高齢化によって担い手不足となっている農家に援農ボランティアを派遣するなどの派遣支援型ともいうべきものがある。

　居場所づくりでは、行政が縦割りの壁を越えて統合的に取り組むものが目立ち始めている。保健・医療・福祉・生涯学習（公民館）サービスなどを一括して提供することで、児童から高齢者まで地域交流の拠点となる、

あるいは自主活動として同様に拠点となる地域の茶の間活動がある。行政もしくは関係団体主導のものとしては、岩手県釜石市橋野町栗橋地区や島根県松江市の生涯学習、三重県伊賀市の社協活動などがある。一方、民間主導のものでは、新潟県に300カ所以上あるといわれる地域の茶の間が地域住民の様々な階層に適応した生活課題解決型の活動として著名である（筆者が訪れたのは都市型として新潟市東区、農村型として上越市柿崎区、吉川区や板倉区である）。

　一般的に高齢者のイメージは静的であり、サービスの受け手であるといった見方がされがちである。しかしこれとは反対に積極的に活躍する高齢者も少なくないが、女性よりも男性のほうが孤立閉鎖的であるとされる。確かにデイサービスに通う高齢者でなかなか活動の輪に入りにくい男性を散見する。しかし内閣府「高齢者の地域におけるライフスタイルに関する調査」（2009年）によると、地域活動やボランティア活動に積極的もしくはできるだけ参加したいと答えるのは男性のほうが多いという。このことを踏まえれば、とりわけ参加の意向が女性と拮抗する「地域環境美化」もしくは男性の参加意向が優位にある諸活動、例えば「町内会等の役員・事務局」「地域の伝統文化継承」「交通安全・犯罪防止」「環境保全・自然保護」「青少年の非行防止」「災害時救援・支援」への促進が、今後男性が実際の活動に参加しやすくなる鍵になろう。

　筆者が訪れた上越市板倉区の場合、活動主体の男性は女性を巻き込んでいるが、前記の諸活動に積極的に取り組んでいる男性であったことを強調したい。またそこでは先に学びがあって暮らしがあるというよりも、暮らし方があって学びあいが構造化するという関係があったことも付記しておきたい。

　また、1997年のデンバーサミットにおいて、高齢者を社会に依存した無力な存在として捉えるのではなく、雇用をはじめ様々な形で社会に参加することを目指す「アクティブ・エイジング（活力ある高齢化）[12]」を追求する

ことが承認されており、その後のサミットやOECDの会議においてもその重要性が確認されている。将来的な高齢人口比の増加と社会を支える生産年齢層とのバランスを考慮し、人間の老化現象を生物学や医学だけではなく、社会科学や心理学などから多面的に研究するジェロントロジー（老年学）との融合を図りつつ高齢者の学習を地域に暮らす承認・経済的安定・情報の発信や確保・文化の伝承といった生活課題に直結させることが肝要である。

第4節　地域再生の「人財」となる高齢者

(1) 地域力の低下の中で

　少子高齢化の急速な進展や家族構成、住民意識の変化などを背景に、人々の孤立化が都市や農村を問わず、そして世代を問わず社会問題となっている。元々働き盛りの現役世代は、就労が生活や人間関係の中心であるため、日常生活の場として地域社会への関心がどうしても薄くなりがちである。しかし地域での活動時間が長い子ども、全日制市民といわれる主婦や高齢者、地域に根差した自営業者などにとっては、地域の中でどのような人間関係をつくり、構築するかが生活そのものに大きく影響する。

　実際、高齢者の孤立死、育児不安に悩む若い親世代、仲間をつくれずひきこもる子ども・若者など、日常生活の場である地域社会で負担感と孤立感を抱えながら「つながりたいけれども、どうつながってよいかわからない」まま生活している人々が多く存在する。少子化は、子ども時代に重要な「同じ世代の子どもと遊びながら社会性を身につける」機会の減少をもたらす。また一人に一部屋、テレビ、携帯電話という住環境の変化は、家庭内での個別化を進め、家族関係の希薄化に拍車をかけている。こうした家庭や地域でのつながりや共に支えあう機能の弱まりに加え、「自己責任」という言葉が広がる中で、自助と共助の狭間で「助けてほしいと言えな

い」「誰にどのように助けてもらえるのかわからない」という人も少なくないだろう。

　地域における人間関係が希薄になり、地域力が低下してきたといわれて久しいが、そのような状況のもとで、同時に近年その地域の力を取り戻そうという取り組みが、様々な分野で展開されている。その中で福祉と教育の分野に注目してみたい。

　(2) 社会福祉と教育における地域社会への期待

　地域福祉活動は、国民生活の福祉の増進を目指して1951年に制定された社会福祉事業法以降、長らく社会福祉協議会の活動を中心に展開されてきた。この社会福祉事業法は2000年に社会福祉法に改正され、その第４条で「地域住民、社会福祉を目的とする事業を経営する者及び社会福祉に関する活動を行う者は、相互に協力し、福祉サービスを必要とする地域住民が地域社会を構成する一員として日常生活を営み、社会、経済、文化その他あらゆる分野の活動に参加する機会が与えられるように、地域福祉の推進に努めなければならない」と、地域福祉型の福祉社会を築く推進主体として「地域住民」を位置づけている。

　つまり、生活における課題とニーズを把握し、住民自身による問題解決がなされるよう援助する、また対処や予防への取り組みを自らの手で行えるような仕組みづくりや関係づくりのエンパワメントを行うプロセス全体に関わることを通じて、誰もが自立した生活が送れるような「地域社会」をつくること、それが地域福祉活動なのである。すなわちこれらの各課題に関する主体は地域住民自身であり、その参加が前提となっているのである。

　そもそも地域福祉には２つの視点がある。それは、貧困・低所得者や社会的弱者の生活水準を底辺から支える地域施策と、地域住民の生活を普遍的に保障しようとする公私の複合的なネットワークという捉え方である。[13]

福祉分野の近年の法令・施策動向を見ると、これらの各課題の分野において「地域支援事業」「地域活動支援事業」といった事業が法律で位置づけられるなど、その展開、推進において地域重視色が鮮明であり、後者の視点が強調されている。ここからより実生活に即した課題解決に向けて、地域の実情を反映した形での取り組みが進められていることがわかる。

一方、教育の領域ではどうか。文部科学省中央教育審議会「21世紀を展望した我が国の教育の在り方について（第一次答申）」(1996年7月19日)の「第3章 これからの地域社会における教育の在り方」においては、以下のように述べられている。

「地域社会の活動は、正に地域の人々の主体性や自主性を前提とするものであり、地域社会の大人一人ひとりが、その一員であることの自覚を持ち、地域社会の活動を自主的に担っていくことがまず重要であると言わなければならない。

したがって、行政としては、地域の人々の主体性や自主性を尊重しつつ、地域の人々のニーズを的確に把握し、それらを踏まえながらいかに地域社会の活動を活発にするかという視点に立って、活動の場や機会の提供、様々な団体への支援、指導者の養成、情報提供など基盤整備に重点を置いて、施策を進めていく必要がある」。

また、「平成19年度 文部科学白書」では、「第2部 第1章 生涯学習社会の実現 第3節 地域の教育力の向上に向けた取組」の中で、地域での子どもの安全・安心な居場所づくりの支援を行うと同時に、地域住民が学校支援を通じて子どもを含めた地域のコミュニティづくりを行い、学校もそのために教室など学校施設の開放をとおして地域の拠点、住民の資源としての役割を果たすということが提唱されている。そして続く「4.ボランティア活動を通じた地域のきずなづくり」の中では以下の記述がある。[14]

「近年の都市化や過疎化の進行、地域における人間関係の希薄化などによる地域の教育力の低下が指摘される中、文部科学省は、子どもたちを

含む幅広い年代において豊かな社会性や人間性を身に付けるため、ボランティア活動・体験活動の機会の充実に向けた取組を進めています。

　平成18年度には、国民一人一人が日常的にボランティア活動を行い、相互に支え合うような地域社会の実現を目指して、『地域ボランティア活動推進事業』を実施しました。（中略）平成19年度からは、地域住民がボランティア活動や、地域の様々な課題を解決する学習や活動などに取り組むことを通じて、住民同士のきずなづくりを推進する『学びあい、支えあい地域活性化推進事業』を行っています。

　これらの事業を通して、地域社会におけるボランティア活動を促進し、また、地域活動を活発にすることによって、世代を越えた地域住民の交流が生まれ、子どもたちの豊かな成長や地域の教育力の向上につながることが期待されます。」

　こうした記述からも、教育の領域においても学校現場だけでなく、それをとりまく生活の場と住民の協働が注目され、展開されていることがわかる。このように福祉だけではなく、教育領域においてもまた、幅広い多様な資源が豊富に存在する地域社会への期待が大きくなっているのである。

（3）「地域力」を高める高齢者への期待

　上述したような福祉、教育領域における地域への期待には、「相互に協力」「活動に参加」「活動を自主的に担う」「きずなづくり」「相互に支え合う」という共通する言葉が散見される。それは地域社会において、住民の参画と相互扶助、共助の機能が求められていることを示しており、そしてその前提として、地域社会を構成する一員として日常生活を営むこと、地域社会の大人一人ひとりがその一員であることの自覚を持つことがあげられている。

　社会は、単に人が集まっているだけでなく、その中に何らかの心理的関係や役割関係、つまり「つながり」を内包した集合体である。それゆえ、

エリアや環境という要素に加え、何よりもその中で住民がどのような意識を持ちながら、生活や活動を行うかというところに地域社会への期待の鍵があるといえる。そしてそれが地域をつくっていく力、地域力と呼ばれるものであるが、高度経済成長期以降その力が低下しているといわれてきている中で、それをどう再生していくかということが日本にとってこの間の重要な課題となっている。

そうした認識にもとづいて総務省『「地域力創造に関する有識者会議」（平成20年11月～平成22年6月）最終取りまとめ』[15]では、以下のような報告をまとめている。

- 地域力には、地域資源や人的要素、社会的要素、経済的要素など多様な要素・内容が含まれているが、地域を活性化させる要因としては、究極的には人材力の要素が大きいのではないか。
- 自らの地域の魅力、資源に気づき、それを磨いていけるよう、地域資源の発掘、再生、創造に人材力を結集していくことが重要である。

ここからは、低下した地域力を高めるには、地域住民自身が生活する地域の中で個人が役割と責任を意識し、それぞれの力をその場で発揮していくことが期待されていることが読み取れる。そしてその「人材力」として期待されるのが、現役世代を終えて再び地域社会での生活が中心となる高齢者世代の住民である。長年の多種多様で豊富な経験と知識、技術のある人々は地域の財産、宝であり、まさに「人財」といえる。

彼らが自らの地域をつくり上げていくことは、高齢当事者の生きがいづくりにつながると同時に、次世代を担う子ども・若者に社会の一員としてのモデルを示し、その取り組みや活動をとおして交流の機会を与えることにもなる。また、地域でのつながりの大切さを知っている人や人とのつながり方を熟知している人、人間関係力の高い人など、短期間の講座や研修では育成できない力の持ち主が地域づくりに参画することは、今を担っている現役世代にも大きな影響を与えることが考えられる。そうした点で高

齢者が多い地域は、人材力が豊富な地域であり、それゆえ大きな社会資源を持っているといえよう。

第5節　課題提起

つながりの再構築と人材の育成

　岡村重夫は、地域組織化活動とは地域住民の受容的な態度の変容や自発的な協力活動をつくり出すものである(16)、としている。言い換えれば、当たり前に地域住民同士が「支え合い」や「助け合い」ができるよう関係を構築していく活動ということである。

　2000年12月の厚生省（現厚生労働省）社会・援護局の「社会的な援護を要する人々に対する社会福祉のあり方に関する検討会」（報告書）では、今日的な「つながり」の再構築を図り、全ての人々を孤独や孤立、排除や摩擦から援護し、健康で文化的な生活の実現につなげるよう、社会の構成員として包み支え合う（ソーシャル・インクルージョン）ための社会福祉を模索する必要があるとして、「つながり」の再構築が不可欠であることを強調している。

　また、内閣府でもロバート・パットナムのソーシャル・キャピタル論(17)を軸に地域再生を目指し、経済社会総合研究所で図1のように「コミュニティ機能再生とソーシャル・キャピタルに関する研究調査報告書」（2005年8月）をまとめている。さらに厚生労働省は、前記の報告書に続く2008年の「これからの地域福祉のあり方に関する研究会報告書」(18)で、地域における「新たな支え合い」（共助）の確立、地域で求められる支え合いの姿、地域の生活課題への対応、住民が主体となり参加する場、ネットワークで受けとめることを地域福祉の意義と役割だとし、その上で地域福祉を推進するために必要な条件とその整備方策を次の4点とした。

　それは、すなわち住民主体を確保する条件があること、地域の生活課題

発見のための方策があること、適切な圏域を単位としていること、地域福祉を推進するための環境、すなわち「情報の共有」「活動の拠点」「地域福祉のコーディネーター」「活動資金」が整うこと、核となる人材である。社会福祉事業法から社会福祉法への改正に至る理念の過程をなぞれば、ソーシャルインクルージョンは地域福祉の実現とほぼ一致する。したがって地域における福祉と教育においては、人間の尊厳遵守を前提とするインクルーシブ教育が重視されるべきであり、それを基盤として専門職の養成がなされるべきである。

これらの施策の動向からいえることは、とりわけ高齢者の暮らしを豊かにするため、暮らしを成り立たせる生きる場を形成するため、そこには孤立しない関係づくりが改めて必要とされていること、そして少子高齢化の進展に比してキーパーソンの育成がいまだ十分ではないため、その育成が急務であるということである。そうした点から、福祉分野の取り組みもさることながら、とりわけ地域の生活実態に即した学びの支援を任務とする

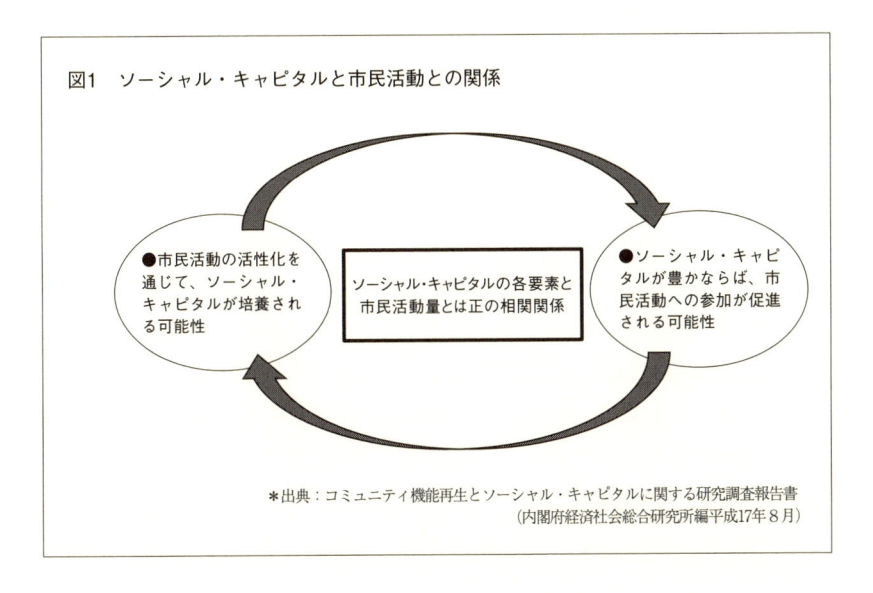

図1　ソーシャル・キャピタルと市民活動との関係

●市民活動の活性化を通じて、ソーシャル・キャピタルが培養される可能性

ソーシャル・キャピタルの各要素と市民活動量とは正の相関関係

●ソーシャル・キャピタルが豊かならば、市民活動への参加が促進される可能性

＊出典：コミュニティ機能再生とソーシャル・キャピタルに関する研究調査報告書（内閣府経済社会総合研究所編平成17年8月）

社会教育分野の取り組みが期待される点を強調しなければならない。

　専門的知識・技術の共有にむけて
　地域力低下の現象は、地域社会に帰属しているという意識の希薄化による結果であると考えられるため、先述のようなキーパーソンの育成と同時に全ての住民に対してあらためて地域の構成員としての意識化を促すことをねらいとした学習支援が必要となる。特に成人・高齢者は、義務感からではなく主体的に参画できるような機会、つまり生活の中で解決を要する課題や地域への愛着を促す機会を提供することで、住民同士のつながりの構築、そして人材開発が可能になるのではないだろうか。そしてこのようなつながりを通して住民が集うことによって「信頼」「規範」「ネットワーク」が生まれるのである。その意味で、社会教育は地域再生の鍵を握っているといっても過言ではないわけであるが、そのためには学習ニーズの把握と学習の組織化の方法が求められる。

　教育・学習活動のコーディネート、ネットワークづくりには、これに関わる専門職の働きが大きく影響する。社会教育の分野においては社会教育主事をはじめ社会教育関係の職員、社会福祉の分野においてはソーシャルワーカーなどがその役割を担っている。特に社会福祉分野では、援助技術が体系化されており、その中で地域援助を行うソーシャルワーカーは「地域の生活問題の解決や福祉コミュニティ形成などを目的として、コミュニティワークという専門技術を用いて、住民、家族、集団、組織との協働活動のなかで支援を行う」[19]専門職であり、主として市町村社会福祉協議会職員がその役割を担っている。実際には、コミュニケーション技術を含む対人援助技術（個別援助、集団援助、地域援助の各技術）を用いて、直接的にまたは間接的に住民を支援し、生活課題・地域課題を自ら解決していくことのできる市民の育成とコミュニティそのものの育成を目指している。

　社会教育専門職においても、地域のニーズ把握とアセスメント、プラン

ニングの一連の方法と地域住民の地域福祉活動・学習活動の具体的な支援、さらには地域の資源の連絡・調整、開発、ネットワークづくりなどを行うために、コミュニティワークの技術を習得することが必要であろう。

　地域づくりにおいては地域や主体者の抱える生活問題を十分に理解し、福祉の専門的知識と教育の技術・方法を用いて、自立した市民、福祉の意識や技術を有する人材を育成することが不可欠である。そして高齢者の問題について福祉、教育それぞれの分野を超えて有機的連携を図ることが、地域の相互理解、地域福祉の増進、学習文化活動の支援に繋がるのである。

＜注＞
（1）厚生労働省「平成22年簡易生命表」、厚生労働省ホームページより
　　（http://www.mhlw.go.jp/toukei/saikin/hw/life/life10/01.html）
（2）国生寿・八木隆明・吉富啓一郎編著『新時代の社会教育と生涯学習』学文社、2010年、p.135
（3）社会福祉法第107条（市町村地域福祉計画）第108条（都道府県地域福祉支援計画）
（4）明治政府によって1874年に制定された公的救済制度。身寄りのない高齢者や障害をもつ人などに米を給与するというものだったが、家族など親族による介護や援助が基本原則であったため、そうした支援者がいない人を限定的に救済する制度であった。
（5）福祉士養成講座編集委員会『新版社会福祉士養成講座7地域福祉論（第4版）』中央法規出版、2007年、p. 2-3、および社会福祉・介護福祉講座編集委員会『新大学社会福祉・介護福祉講座地域福祉論』第一法規、2009年、p. 6
（6）広井良典『創造的福祉社会』ちくま新書、2011年、p.122-123
（7）宮本太郎『生活保障』岩波新書、2009年、p. 57
（8）岡村重夫『社会福祉学（各論）』柴田書店、1963年、p.233
（9）右田紀久恵「地域福祉の本質」『現代の地域福祉』法律文化社、1973年、p. 1-5。また在宅福祉サービスの観点からは、全国社会福祉協議会が三浦文夫らの福祉ニーズ論とサービス供給システム論を基軸に『在宅福祉サービスの戦

略』(1979年)を発刊した。
(10) 福祉士養成講座編集委員会『新版社会福祉士養成講座７地域福祉論（第3版)』中央法規出版
(11) 山下祐介『限界集落の真実』ちくま新書、2012年
(12) 「アクティブ・エイジング」という用語は、世界保健機構が1990年後期に採用したものである。「健康なエイジング」という言葉よりも包括的なメッセージを込め、個人や人口全体がどのように歳をとるかに影響を与える医療以外の要因をも捉えるようにとの考えから採用された（Kalache and Kickbusch,1997)。アクティブ・エイジング・アプローチは、高齢者の人権の尊重と、自立・参加・尊厳・ケア・自己実現に関する国際連合原則に基づいている。
(13) 京極髙宣・松下能万「地域福祉」、井部俊子・開原成允・京極髙宣・前沢征次編『在宅医療辞典』中央法規出版、2008年、p.209
(14) 文部科学省「平成19年度文部科学白書」2008年、p.55-56
(15) 総務省ホームページ
　　（http://www.soumu.go.jp/menu_seisaku/chiho/c-shinko/index.html）
(16) 岡村重夫『地域福祉論』（新装版）、光生館、2009年
(17) 経済社会総合研究所では、ソーシャル・キャピタル論を軸に地域再生を目指して「コミュニティ機能再生とソーシャル・キャピタルに関する研究調査報告書」（2005年8月）をまとめている。ここでいう「ソーシャル・キャピタル」とは、ロバート・パットナムの定義によると、「人々の協調行動を活発にすることによって、社会の効率性を高めることのできる『信頼』『規範』『ネットワーク』といった社会組織の特徴」である。
(18) 厚生労働省ホームページ（http://www.mhlw.go.jp/shingi/2008/03/s0331-7c.html)
(19) 山口稔「コミュニティーワーカー」、日本地域福祉学会編『新版地域福祉事典』中央法規出版、2006年、p.276

＜参考文献＞
・社会教育推進全国協議会編『社会教育・生涯学習ハンドブック第8版』エイデル研究所、2011
・岩田正美監修　岩崎晋也編著『リーディングス日本の社会福祉１　社会福祉

とはなにか』日本図書センター、2011
・岩田正美監修　野口定久・平野隆之編著『リーディングス日本の社会福祉6　地域福祉』日本図書センター、2011
・鈴木敏正『北海道大学大学院教育学研究員　研究叢書2　排除型社会と生涯学習―日英韓の基礎構造分析』北海道大学出版会、2011
・ジョン・フィールド　矢野裕俊監訳『ソーシャルキャピタルと生涯学習』東信堂、2011
・高谷よね子編著『居場所とたまりば　めだかのたまりばがつくる人と人のつながり』学文社、2011
・総務省「地域力創造に関する有識者会議（平成20年11月～平成22年6月）　最終取りまとめ」、2010
・NHK「無縁社会プロジェクト取材班」編著『無縁社会"無縁死"三万二千人の衝撃』文藝春秋、2010
・今村晴彦、園田紫乃、金子郁容『コミュニティのちから―"遠慮がちな"ソーシャルキャピタルの発見』慶應義塾大学出版会、2010
・広井良典・小林正弥編著『双書　持続可能な福祉社会へ：公共性の視座から　第1巻　コミュニティ　公共性・コモンズ・コミュニタリアニズム』勁草書房、2010
・宮本太郎『生活保障　排除しない社会へ』岩波書店、2009
・岩田正美『社会的排除　参加の欠如・不確かな帰属』有斐閣、2008
・日本地域福祉学会編『新版　地域福祉事典』中央法規出版、2006
・黒沢英典　練馬区地域教育力・体験活動推進協議会共編『「居場所づくり」から「要場所づくり」へ』学文社、2006
・豊田保『福祉コミュニティの形成と市民福祉活動』萌文社、2005
・子どもの参画情報センター編『子ども・若者の参画シリーズⅠ　居場所づくりと社会つながり』萌文社、2004
・久田邦明編著『子どもと若者の居場所』萌文社、2000
・薗田恭一『地域福祉とコミュニティ』有信堂、1999

＜巻末資料＞

①日本国憲法（抜粋）

1946年11月3日公布
1947年5月3日施行

第3章　国民の権利及び義務

第13条　すべて国民は、個人として尊重される。生命、自由及び幸福追求に対する国民の権利については、公共の福祉に反しない限り、立法その他の国政の上で、最大の尊重を必要とする。

第14条　すべて国民は、法の下に平等であって、人種、信条、性別、社会的身分又は門地により、政治的、経済的又は社会的関係において、差別されない。

第25条　すべて国民は、健康で文化的な最低限度の生活を営む権利を有する。
2　国は、すべての生活部面について、社会福祉、社会保障及び公衆衛生の向上及び増進に努めなければならない。

第26条　すべて国民は、法律の定めるところにより、その能力に応じて、ひとしく教育を受ける権利を有する。
2　すべて国民は、法律の定めるところにより、その保護する子女に普通教育を受けさせる義務を負ふ。義務教育は、これを無償とする。

第27条　すべて国民は、勤労の権利を有し、義務を負ふ。

②教育基本法（抜粋）

1947年3月31日施行
2006年12月22日改正

第1章　教育の目的及び理念

（教育の目的）
第1条　教育は、人格の完成を目指し、平和で民主的な国家及び社会の形成者として必要な資質を備えた心身ともに健康な国民の育成を期して行われなければならない。
（生涯学習の理念）
第3条　国民一人一人が、自己の人格を磨き、豊かな人生を送ることができるよう、その生涯にわたって、あらゆる機会に、あらゆる場所において学習することができ、その成果を適切に生かすことのできる社会の実現が図られなければならない。
（教育の機会均等）
第4条　すべて国民は、ひとしく、その能力に応じた教育を受ける機会を与えられなければならず、人種、信条、性別、社会的身分、経済的地位又は門地によって、教育上差別されない。
2　国及び地方公共団体は、障害のある者が、その障害の状態に応じ、十分な教育を受けられるよう、教育上必要な支援を講じなければならない。
3　国及び地方公共団体は、能力があるにもかかわらず、経済的理由によって修学が困難な者に対して、奨学の措置を講じなければならない。
（家庭教育）
第10条　父母その他の保護者は、子の教育について第一義的責任を有するものであって、生活のために必要な習慣を身に付けさせるとともに、自立心を育成し、心身の調和のとれた発達を図るよう努めるものとする。
2　国及び地方公共団体は、家庭教育の自主性を尊重しつつ、保護者に対する学習の機会及び情報の提供その他の家庭教育を支援するために必要な施策を講ずるよう努めなければならない。
（幼児期の教育）
第11条　幼児期の教育は、生涯にわたる人格形成の基礎を培う重要なものであることにかんがみ、国及び地方公共団体は、幼児の健やかな成長に資する良好な環境の整備その他適当な方法によって、その振興に努めなければならない。
（社会教育）
第12条　個人の要望や社会の要請にこたえ、社会において行われる教育は、

国及び地方公共団体によって奨励されなければならない。
2　国及び地方公共団体は、図書館、博物館、公民館その他の社会教育施設の設置、学校の施設の利用、学習の機会及び情報の提供その他の適当な方法によって社会教育の振興に努めなければならない。
　（学校、家庭及び地域住民等の相互の連携協力）
　第13条　学校、家庭及び地域住民その他の関係者は、教育におけるそれぞれの役割と責任を自覚するとともに、相互の連携及び協力に努めるものとする。

　第３章　教育行政
　（教育行政）
　第16条　教育は、不当な支配に服することなく、この法律及び他の法律の定めるところにより行われるべきものであり、教育行政は、国と地方公共団体との適切な役割分担及び相互の協力の下、公正かつ適正に行われなければならない。
2　国は、全国的な教育の機会均等と教育水準の維持向上を図るため、教育に関する施策を総合的に策定し、実施しなければならない。
3　地方公共団体は、その地域における教育の振興を図るため、その実情に応じた教育に関する施策を策定し、実施しなければならない。
4　国及び地方公共団体は、教育が円滑かつ継続的に実施されるよう、必要な財政上の措置を講じなければならない。

③社会福祉法（抜粋）

　　　　　　　　　　　　　　　　　　　　1951年３月29日施行
　　　　　　　　　　　　　　　　　　　　2011年12月14日最終改正
　第１章　総則
　（目的）
　第１条　この法律は、社会福祉を目的とする事業の全分野における共通的基本事項を定め、社会福祉を目的とする他の法律と相まって、福祉サービスの利用者の利益の保護及び地域における社会福祉（以下「地域福祉」という。）の

推進を図るとともに、社会福祉事業の公明かつ適正な実施の確保及び社会福祉を目的とする事業の健全な発達を図り、もつて社会福祉の増進に資することを目的とする。
（福祉サービスの基本的理念）
第3条　福祉サービスは、個人の尊厳の保持を旨とし、その内容は、福祉サービスの利用者が心身ともに健やかに育成され、又はその有する能力に応じ自立した日常生活を営むことができるように支援するものとして、良質かつ適切なものでなければならない。
（地域福祉の推進）
第4条　地域住民、社会福祉を目的とする事業を経営する者及び社会福祉に関する活動を行う者は、相互に協力し、福祉サービスを必要とする地域住民が地域社会を構成する一員として日常生活を営み、社会、経済、文化その他あらゆる分野の活動に参加する機会が与えられるように、地域福祉の推進に努めなければならない。
（福祉サービスの提供の原則）
第5条　社会福祉を目的とする事業を経営する者は、その提供する多様な福祉サービスについて、利用者の意向を十分に尊重し、かつ、保健医療サービスその他の関連するサービスとの有機的な連携を図るよう創意工夫を行いつつ、これを総合的に提供することができるようにその事業の実施に努めなければならない。
（福祉サービスの提供体制の確保等に関する国及び地方公共団体の責務）
第6条　国及び地方公共団体は、社会福祉を目的とする事業を経営する者と協力して、社会福祉を目的とする事業の広範かつ計画的な実施が図られるよう、福祉サービスを提供する体制の確保に関する施策、福祉サービスの適切な利用の推進に関する施策その他の必要な各般の措置を講じなければならない。

第4章　社会福祉主事
（設置）
第18条　都道府県、市及び福祉に関する事務所を設置する町村に、社会福祉主事を置く。
2　前項に規定する町村以外の町村は、社会福祉主事を置くことができる。

3　都道府県の社会福祉主事は、都道府県の設置する福祉に関する事務所において、生活保護法、児童福祉法及び母子及び寡婦福祉法 に定める援護又は育成の措置に関する事務を行うことを職務とする。
4　市及び第一項に規定する町村の社会福祉主事は、市及び同項に規定する町村に設置する福祉に関する事務所において、生活保護法、児童福祉法、母子及び寡婦福祉法、老人福祉法、身体障害者福祉法 及び知的障害者福祉法に定める援護、育成又は更生の措置に関する事務を行うことを職務とする。

第8章　福祉サービスの適切な利用
第1節　情報の提供等
（福祉サービスの質の向上のための措置等）
第78条　社会福祉事業の経営者は、自らその提供する福祉サービスの質の評価を行うことその他の措置を講ずることにより、常に福祉サービスを受ける者の立場に立って良質かつ適切な福祉サービスを提供するよう努めなければならない。
2　国は、社会福祉事業の経営者が行う福祉サービスの質の向上のための措置を援助するために、福祉サービスの質の公正かつ適切な評価の実施に資するための措置を講ずるよう努めなければならない
第2節　福祉サービスの利用の援助等
（福祉サービス利用援助事業の実施に当たっての配慮）
第80条　福祉サービス利用援助事業を行う者は、当該事業を行うに当たっては、利用者の意向を十分に尊重するとともに、利用者の立場に立って公正かつ適切な方法により行わなければならない。
（都道府県社会福祉協議会の行う福祉サービス利用援助事業等）
第81条　都道府県社会福祉協議会は、第110条第1項各号に掲げる事業を行うほか、福祉サービス利用援助事業を行う市町村社会福祉協議会その他の者と協力して都道府県の区域内においてあまねく福祉サービス利用援助事業が実施されるために必要な事業を行うとともに、これと併せて、当該事業に従事する者の資質の向上のための事業並びに福祉サービス利用援助事業に関する普及及び啓発を行うものとする。

第10章　地域福祉の推進
第1節　地域福祉計画
（市町村地域福祉計画）

第107条　市町村は、地域福祉の推進に関する事項として次に掲げる事項を一体的に定める計画（以下「市町村地域福祉計画」という。）を策定し、又は変更しようとするときは、あらかじめ、住民、社会福祉を目的とする事業を経営する者その他社会福祉に関する活動を行う者の意見を反映させるために必要な措置を講ずるよう努めるとともに、その内容を公表するよう努めるものとする。

　一　地域における福祉サービスの適切な利用の推進に関する事項
　二　地域における社会福祉を目的とする事業の健全な発達に関する事項
　三　地域福祉に関する活動への住民の参加の促進に関する事項

（都道府県地域福祉支援計画）

第108条　都道府県は、市町村地域福祉計画の達成に資するために、各市町村を通ずる広域的な見地から、市町村の地域福祉の支援に関する事項として次に掲げる事項を一体的に定める計画（以下「都道府県地域福祉支援計画」という。）を策定し、又は変更しようとするときは、あらかじめ、公聴会の開催等住民その他の者の意見を反映させるために必要な措置を講ずるよう努めるとともに、その内容を公表するよう努めるものとする。

　一　市町村の地域福祉の推進を支援するための基本的方針に関する事項
　二　社会福祉を目的とする事業に従事する者の確保又は資質の向上に関する事項
　三　福祉サービスの適切な利用の推進及び社会福祉を目的とする事業の健全な発達のための基盤整備に関する事項

第2節　社会福祉協議会
（市町村社会福祉協議会及び地区社会福祉協議会）

第109条　市町村社会福祉協議会は、一又は同一都道府県内の二以上の市町村の区域内において次に掲げる事業を行うことにより地域福祉の推進を図ることを目的とする団体であって、その区域内における社会福祉を目的とする事業を経営する者及び社会福祉に関する活動を行う者が参加し、かつ、指定都市にあってはその区域内における地区社会福祉協議会の過半数及び社会福祉事業又

は更生保護事業を経営する者の過半数が、指定都市以外の市及び町村にあってはその区域内における社会福祉事業又は更生保護事業を経営する者の過半数が参加するものとする。
　一　社会福祉を目的とする事業の企画及び実施
　二　社会福祉に関する活動への住民の参加のための援助
　三　社会福祉を目的とする事業に関する調査、普及、宣伝、連絡、調整及び助成
　四　前三号に掲げる事業のほか、社会福祉を目的とする事業の健全な発達を図るために必要な事業
（都道府県社会福祉協議会）
　第110条　都道府県社会福祉協議会は、都道府県の区域内において次に掲げる事業を行うことにより地域福祉の推進を図ることを目的とする団体であって、その区域内における市町村社会福祉協議会の過半数及び社会福祉事業又は更生保護事業を経営する者の過半数が参加するものとする。
　一　前条第一項各号に掲げる事業であって各市町村を通ずる広域的な見地から行うことが適切なもの
　二　社会福祉を目的とする事業に従事する者の養成及び研修
　三　社会福祉を目的とする事業の経営に関する指導及び助言
　四　市町村社会福祉協議会の相互の連絡及び事業の調整

④生涯学習の振興のための施策の推進体制等の整備に関する法律

1990年6月29日施行
2002年3月31日最終改正

（目的）
　第1条　この法律は、国民が生涯にわたって学習する機会があまねく求められている状況にかんがみ、生涯学習の振興に資するための都道府県の事業に関しその推進体制の整備その他の必要な事項を定め、及び特定の地区において生涯学習に係る機会の総合的な提供を促進するための措置について定めるととも

に、都道府県生涯学習審議会の事務について定める等の措置を講ずることにより、生涯学習の振興のための施策の推進体制及び地域における生涯学習に係る機会の整備を図り、もって生涯学習の振興に寄与することを目的とする。

（施策における配慮等）

第2条　国及び地方公共団体は、この法律に規定する生涯学習の振興のための施策を実施するに当たっては、学習に関する国民の自発的意思を尊重するよう配慮するとともに、職業能力の開発及び向上、社会福祉等に関し生涯学習に資するための別に講じられる施策と相まって、効果的にこれを行うよう努めるものとする。

（生涯学習の振興に資するための都道府県の事業）

第3条　都道府県の教育委員会は、生涯学習の振興に資するため、おおむね次の各号に掲げる事業について、これらを相互に連携させつつ推進するために必要な体制の整備を図りつつ、これらを一体的かつ効果的に実施するよう努めるものとする。

1．学校教育及び社会教育に係る学習（体育に係るものを含む。以下この項において「学習」という。）並びに文化活動の機会に関する情報を収集し、整理し、及び提供すること。
2．住民の学習に対する需要及び学習の成果の評価に関し、調査研究を行うこと。
3．地域の実情に即した学習の方法の開発を行うこと。
4．住民の学習に関する指導者及び助言者に対する研修を行うこと。
5．地域における学校教育、社会教育及び文化に関する機関及び団体に対し、これらの機関及び団体相互の連携に関し、照会及び相談に応じ、並びに助言その他の援助を行うこと。
6．前各号に掲げるもののほか、社会教育のための講座の開設その他の住民の学習の機会の提供に関し必要な事業を行うこと。

2　都道府県の教育委員会は、前項に規定する事業を行うに当たっては、社会教育関係団体その他の地域において生涯学習に資する事業を行う機関及び団体との連携に努めるものとする。

（都道府県の事業の推進体制の整備に関する基準）

第4条　文部科学大臣は、生涯学習の振興に資するため、都道府県の教育委

員会が行う前条第1項に規定する体制の整備に関し望ましい基準を定めるものとする。
　（地域生涯学習振興基本構想）
　第5条　都道府県は、当該都道府県内の特定の地区において、当該地区及びその周辺の相当程度広範囲の地域における住民の生涯学習の振興に資するため、社会教育に係る学習（体育に係るものを含む。）及び文化活動その他の生涯学習に資する諸活動の多様な機会の総合的な提供を民間事業者の能力を活用しつつ行うことに関する基本的な構想（以下「基本構想」という。）を作成することができる。
2　基本構想においては、次に掲げる事項について定めるものとする。
　1．前項に規定する多様な機会（以下「生涯学習に係る機会」という。）の総合的な提供の方針に関する事項
　2．前項に規定する地区の区域に関する事項
　3．総合的な提供を行うべき生涯学習に係る機会（民間事業者により提供されるものを含む。）の種類及び内容に関する基本的な事項
　4．前号に規定する民間事業者に対する資金の融通の円滑化その他の前項に規定する地区において行われる生涯学習に係る機会の総合的な提供に必要な業務であって政令で定めるものを行う者及び当該業務の運営に関する事項
　5．その他生涯学習に係る機会の総合的な提供に関する重要事項
3　都道府県は、基本構想を作成しようとするときは、あらかじめ、関係市町村に協議しなければならない。
4　都道府県は、基本構想を作成しようとするときは、前項の規定による協議を経た後、文部科学大臣及び経済産業大臣に協議することができる。
5　文部科学大臣及び経済産業大臣は、前項の規定による協議を受けたときは、都道府県が作成しようとする基本構想が次の各号に該当するものであるかどうかについて判断するものとする。
　1．当該基本構想に係る地区が、生涯学習に係る機会の提供の程度が著しく高い地域であって政令で定めるもの以外の地域のうち、交通条件及び社会的自然的条件からみて生涯学習に係る機会の総合的な提供を行うことが相当と認められる地区であること。

2．当該基本構想に係る生涯学習に係る機会の総合的な提供が当該基本構想に係る地区及びその周辺の相当程度広範囲の地域における住民の生涯学習に係る機会に対する要請に適切にこたえるものであること。
3．その他文部科学大臣及び経済産業大臣が判断に当たっての基準として次条の規定により定める事項（以下「判断基準」という。）に適合するものであること。

⑤社会教育法（抜粋）

1949年6月10日施行
2011年12月14日最終改正

第1章　総則
（社会教育の定義）
　第2条　この法律で「社会教育」とは、学校教育法（昭和二十二年法律第二十六号）に基づき、学校の教育課程として行われる教育活動を除き、主として青少年及び成人に対して行われる組織的な教育活動（体育及びレクリエーションの活動を含む。）をいう。
（国及び地方公共団体の任務）
　第3条　国及び地方公共団体は、この法律及び他の法令の定めるところにより、社会教育の奨励に必要な施設の設置及び運営、集会の開催、資料の作製、頒布その他の方法により、すべての国民があらゆる機会、あらゆる場所を利用して、自ら実際生活に即する文化的教養を高め得るような環境を醸成するように努めなければならない。
2　国及び地方公共団体は、前項の任務を行うに当たっては、国民の学習に対する多様な需要を踏まえ、これに適切に対応するために必要な学習の機会の提供及びその奨励を行うことにより、生涯学習の振興に寄与することとなるよう努めるものとする。
3　国及び地方公共団体は、第一項の任務を行うに当たっては、社会教育が学校教育及び家庭教育との密接な関連性を有することにかんがみ、学校教育との連携の確保に努め、及び家庭教育の向上に資することとなるよう必要な配慮を

するとともに、学校、家庭及び地域住民その他の関係者相互間の連携及び協力の促進に資することとなるよう努めるものとする。
　（市町村の教育委員会の事務）
　第５条　市（特別区を含む。以下同じ。）町村の教育委員会は、社会教育に関し、当該地方の必要に応じ、予算の範囲内において、次の事務を行う。
　一　社会教育に必要な援助を行うこと。
　二　社会教育委員の委嘱に関すること。
　三　公民館の設置及び管理に関すること。
　四　所管に属する図書館、博物館、青年の家その他の社会教育施設の設置及び管理に関すること。
　五　所管に属する学校の行う社会教育のための講座の開設及びその奨励に関すること。
　六　講座の開設及び討論会、講習会、講演会、展示会その他の集会の開催並びにこれらの奨励に関すること。
　七　家庭教育に関する学習の機会を提供するための講座の開設及び集会の開催並びに家庭教育に関する情報の提供並びにこれらの奨励に関すること。
　八　職業教育及び産業に関する科学技術指導のための集会の開催並びにその奨励に関すること。
　九　生活の科学化の指導のための集会の開催及びその奨励に関すること。
　十　情報化の進展に対応して情報の収集及び利用を円滑かつ適正に行うために必要な知識又は技能に関する学習の機会を提供するための講座の開設及び集会の開催並びにこれらの奨励に関すること。
　十一　運動会、競技会その他体育指導のための集会の開催及びその奨励に関すること。
　十二　音楽、演劇、美術その他芸術の発表会等の開催及びその奨励に関すること。
　十三　主として学齢児童及び学齢生徒（それぞれ学校教育法第十八条 に規定する学齢児童及び学齢生徒をいう。）に対し、学校の授業の終了後又は休業日において学校、社会教育施設その他適切な施設を利用して行う学習その他の活動の機会を提供する事業の実施並びにその奨励に関すること。
　十四　青少年に対しボランティア活動など社会奉仕体験活動、自然体験活動

その他の体験活動の機会を提供する事業の実施及びその奨励に関すること。
十五　社会教育における学習の機会を利用して行った学習の成果を活用して学校、社会教育施設その他地域において行う教育活動その他の活動の機会を提供する事業の実施及びその奨励に関すること。
十六　社会教育に関する情報の収集、整理及び提供に関すること。
十七　視聴覚教育、体育及びレクリエーションに必要な設備、器材及び資料の提供に関すること。
十八　情報の交換及び調査研究に関すること。
十九　その他第三条第一項の任務を達成するために必要な事務
（都道府県の教育委員会の事務）
第6条　都道府県の教育委員会は、社会教育に関し、当該地方の必要に応じ、予算の範囲内において、前条各号の事務（第三号の事務を除く。）を行うほか、次の事務を行う。
一　公民館及び図書館の設置及び管理に関し、必要な指導及び調査を行うこと。
二　社会教育を行う者の研修に必要な施設の設置及び運営、講習会の開催、資料の配布等に関すること。
三　社会教育施設の設置及び運営に必要な物資の提供及びそのあっせんに関すること。
四　市町村の教育委員会との連絡に関すること。
五　その他法令によりその職務権限に属する事項

第2章　社会教育主事及び社会教育主事補
（社会教育主事及び社会教育主事補の設置）
第9条の2　都道府県及び市町村の教育委員会の事務局に、社会教育主事を置く。
2　都道府県及び市町村の教育委員会の事務局に、社会教育主事補を置くことができる。
（社会教育主事及び社会教育主事補の職務）
第9条の3　社会教育主事は、社会教育を行う者に専門的技術的な助言と指

導を与える。ただし、命令及び監督をしてはならない。
2　社会教育主事は、学校が社会教育関係団体、地域住民その他の関係者の協力を得て教育活動を行う場合には、その求めに応じて、必要な助言を行うことができる。

第3章　社会教育関係団体
（社会教育関係団体の定義）
第10条　この法律で「社会教育関係団体」とは、法人であると否とを問わず、公の支配に属しない団体で社会教育に関する事業を行うことを主たる目的とするものをいう。
（文部科学大臣及び教育委員会との関係）
第11条　文部科学大臣及び教育委員会は、社会教育関係団体の求めに応じ、これに対し、専門的技術的指導又は助言を与えることができる。
2　文部科学大臣及び教育委員会は、社会教育関係団体の求めに応じ、これに対し、社会教育に関する事業に必要な物資の確保につき援助を行う。
（国及び地方公共団体との関係）
第12条　国及び地方公共団体は、社会教育関係団体に対し、いかなる方法によっても、不当に統制的支配を及ぼし、又はその事業に干渉を加えてはならない。

第5章　公民館
（目的）
第20条　公民館は、市町村その他一定区域内の住民のために、実際生活に即する教育、学術及び文化に関する各種の事業を行い、もつて住民の教養の向上、健康の増進、情操の純化を図り、生活文化の振興、社会福祉の増進に寄与することを目的とする。
（公民館の事業）
第22条　公民館は、第20条の目的達成のために、おおむね、左の事業を行う。但し、この法律及び他の法令によって禁じられたものは、この限りでない。
　一　定期講座を開設すること。
　二　討論会、講習会、講演会、実習会、展示会等を開催すること。

三　図書、記録、模型、資料等を備え、その利用を図ること。
　四　体育、レクリエーション等に関する集会を開催すること。
　五　各種の団体、機関等の連絡を図ること。
　六　その施設を住民の集会その他の公共的利用に供すること。
　第32条の2　公民館は、当該公民館の事業に関する地域住民その他の関係者の理解を深めるとともに、これらの者との連携及び協力の推進に資するため、当該公民館の運営の状況に関する情報を積極的に提供するよう努めなければならない。

第6章　学校施設の利用
（学校施設の利用）
　第44条　学校（国立学校又は公立学校をいう。以下この章において同じ。）の管理機関は、学校教育上支障がないと認める限り、その管理する学校の施設を社会教育のために利用に供するように努めなければならない。
（社会教育の講座）
　第48条　文部科学大臣は国立学校に対し、地方公共団体の長は当該地方公共団体が設置する大学又は当該地方公共団体が設立する公立大学法人が設置する大学若しくは高等専門学校に対し、地方公共団体に設置されている教育委員会は当該地方公共団体が設置する大学以外の公立学校に対し、その教育組織及び学校の施設の状況に応じ、文化講座、専門講座、夏期講座、社会学級講座等学校施設の利用による社会教育のための講座の開設を求めることができる。
2　文化講座は、成人の一般的教養に関し、専門講座は、成人の専門的学術知識に関し、夏期講座は、夏期休暇中、成人の一般的教養又は専門的学術知識に関し、それぞれ大学、高等専門学校又は高等学校において開設する。
3　社会学級講座は、成人の一般的教養に関し、小学校又は中学校において開設する。
4　第一項の規定する講座を担当する講師の報酬その他必要な経費は、予算の範囲内において、国又は地方公共団体が負担する。

⑥学習権宣言（抄訳）
第4回ユネスコ国際成人教育会議（1985年3月29日）

　学習権を承認するか否かは、人類にとって、これまでにもまして重要な課題となっている。
　学習権とは、
　　読み書きの権利であり、
　　問い続け、深く考える権利であり、
　　想像し、創造する権利であり、
　　自分自身の世界を読みとり、歴史をつづる権利であり、
　　あらゆる教育の手だてを得る権利であり、
　　個人的・集団的力量を発達させる権利である。
　成人教育パリ会議は、この権利の重要性を再確認する。
　学習権は未来のためにとっておかれる文化的ぜいたく品ではない。
　それは、生き残るという問題が解決されてから生じる権利ではない。
　それは、基礎的な欲求が満たされたあとに行使されるようなものではない。
　学習権は、人間の生存にとって不可欠な手段である。
　もし、世界の人々が、食料の生産やその他の基本的な人間の欲求が満たされることを望むならば、世界の人々は学習権をもたなければならない。
　もし、女性も男性も、より健康な生活を営もうとするなら、彼らは学習権をもたなければならない。
　もし、わたしたちが戦争を避けようとするなら、平和に生きることを学び、お互いに理解し合うことを学ばねばならない。
　"学習"こそはキーワードである。
　学習権なくしては、人間的発達はあり得ない。
　学習権なくしては、農業や工業の躍進も地域の健康の増進もなく、そして、さらに学習条件の改善もないであろう。
　この権利なしには、都市や農村で働く人たちの生活水準の向上もないであろう。
　しかし、学習権はたんなる経済発展の手段ではない。それは基本的権利の一つとしてとらえられなければならない。学習活動はあらゆる教育活動の中心に

位置づけられ、人々を、なりゆきまかせの客体から、自らの歴史をつくる主体にかえていくものである。

それは基本的人権の一つであり、その正当性は普遍的である。学習権は、人類の一部のものに限定されてはならない。すなわち、男性や工業国や有産階級や、学校教育を受けられる幸運な若者たちだけの、排他的特権であってはならない。（中略）

人類が将来どうなるか、それは誰がきめるのか。これはすべての政府・非政府組織、個人、グループが直面している問題である。これはまた、成人の教育活動に従事している女性と男性が、そしてすべての人間が個人として、集団として、さらに人類全体として、自らの運命を自ら統御することができるようにと努力している女性と男性が、直面している問題でもある。（国民教育研究所訳）

⑦障害者基本法（抜粋）

1970年5月21日施行
2011年8月5日最終改正

第1章　総則
（目的）
第1条　この法律は、全ての国民が、障害の有無にかかわらず、等しく基本的人権を享受するかけがえのない個人として尊重されるものであるとの理念にのっとり、全ての国民が、障害の有無によって分け隔てられることなく、相互に人格と個性を尊重し合いながら共生する社会を実現するため、障害者の自立及び社会参加の支援等のための施策に関し、基本原則を定め、及び国、地方公共団体等の責務を明らかにするとともに、障害者の自立及び社会参加の支援等のための施策の基本となる事項を定めること等により、障害者の自立及び社会参加の支援等のための施策を総合的かつ計画的に推進することを目的とする。

（定義）
第2条　この法律において、次の各号に掲げる用語の意義は、それぞれ当該各号に定めるところによる。
　一　障害者　身体障害、知的障害、精神障害（発達障害を含む。）その他の

心身の機能の障害（以下「障害」と総称する。）がある者であって、障害及び社会的障壁により継続的に日常生活又は社会生活に相当な制限を受ける状態にあるものをいう。
  二　社会的障壁　障害がある者にとつて日常生活又は社会生活を営む上で障壁となるような社会における事物、制度、慣行、観念その他一切のものをいう。

（地域社会における共生等）

第３条　第１条に規定する社会の実現は、全ての障害者が、障害者でない者と等しく、基本的人権を享有する個人としてその尊厳が重んぜられ、その尊厳にふさわしい生活を保障される権利を有することを前提としつつ、次に掲げる事項を旨として図られなければならない。
  一　全て障害者は、社会を構成する一員として社会、経済、文化その他あらゆる分野の活動に参加する機会が確保されること。
  二　全て障害者は、可能な限り、どこで誰と生活するかについての選択の機会が確保され、地域社会において他の人々と共生することを妨げられないこと。
  三　全て障害者は、可能な限り、言語（手話を含む。）その他の意思疎通のための手段についての選択の機会が確保されるとともに、情報の取得又は利用のための手段についての選択の機会の拡大が図られること。

（差別の禁止）

第４条　何人も、障害者に対して、障害を理由として、差別することその他の権利利益を侵害する行為をしてはならない。

２　社会的障壁の除去は、それを必要としている障害者が現に存し、かつ、その実施に伴う負担が過重でないときは、それを怠ることによって前項の規定に違反することとならないよう、その実施について必要かつ合理的な配慮がされなければならない。

３　国は、第一項の規定に違反する行為の防止に関する啓発及び知識の普及を図るため、当該行為の防止を図るために必要となる情報の収集、整理及び提供を行うものとする。

（国及び地方公共団体の責務）

第５条　国及び地方公共団体は、第１条に規定する社会の実現を図るため、

前3条に定める基本原則（以下「基本原則」という。）にのっとり、障害者の自立及び社会参加の支援等のための施策を総合的かつ計画的に実施する責務を有する。
　（国民の理解）
　第7条　国及び地方公共団体は、基本原則に関する国民の理解を深めるよう必要な施策を講じなければならない。
　（施策の基本方針）
　第10条　障害者の自立及び社会参加の支援等のための施策は、障害者の性別、年齢、障害の状態及び生活の実態に応じて、かつ、有機的連携の下に総合的に、策定され、及び実施されなければならない。
2　国及び地方公共団体は、障害者の自立及び社会参加の支援等のための施策を講ずるに当たっては、障害者その他の関係者の意見を聴き、その意見を尊重するよう努めなければならない。

　第2章　障害者の自立及び社会参加の支援等のための基本的施策
　（医療、介護等）
　第14条　国及び地方公共団体は、障害者が生活機能を回復し、取得し、又は維持するために必要な医療の給付及びリハビリテーションの提供を行うよう必要な施策を講じなければならない。
3　国及び地方公共団体は、障害者が、その性別、年齢、障害の状態及び生活の実態に応じ、医療、介護、保健、生活支援その他自立のための適切な支援を受けられるよう必要な施策を講じなければならない。
5　国及び地方公共団体は、医療若しくは介護の給付又はリハビリテーションの提供を行うに当たっては、障害者が、可能な限りその身近な場所においてこれらを受けられるよう必要な施策を講ずるものとするほか、その人権を十分に尊重しなければならない。
　（教育）
　第16条　国及び地方公共団体は、障害者が、その年齢及び能力に応じ、かつ、その特性を踏まえた十分な教育が受けられるようにするため、可能な限り障害者である児童及び生徒が障害者でない児童及び生徒と共に教育を受けられるよう配慮しつつ、教育の内容及び方法の改善及び充実を図る等必要な施策を講じ

なければならない。
2　国及び地方公共団体は、前項の目的を達成するため、障害者である児童及び生徒並びにその保護者に対し十分な情報の提供を行うとともに、可能な限りその意向を尊重しなければならない。
3　国及び地方公共団体は、障害者である児童及び生徒と障害者でない児童及び生徒との交流及び共同学習を積極的に進めることによって、その相互理解を促進しなければならない。
4　国及び地方公共団体は、障害者の教育に関し、調査及び研究並びに人材の確保及び資質の向上、適切な教材等の提供、学校施設の整備その他の環境の整備を促進しなければならない。
　（療育）
　第17条　国及び地方公共団体は、障害者である子どもが可能な限りその身近な場所において療育その他これに関連する支援を受けられるよう必要な施策を講じなければならない。
2　国及び地方公共団体は、療育に関し、研究、開発及び普及の促進、専門的知識又は技能を有する職員の育成その他の環境の整備を促進しなければならない。
　（職業相談等）
　第18条　国及び地方公共団体は、障害者の職業選択の自由を尊重しつつ、障害者がその能力に応じて適切な職業に従事することができるようにするため、障害者の多様な就業の機会を確保するよう努めるとともに、個々の障害者の特性に配慮した職業相談、職業指導、職業訓練及び職業紹介の実施その他必要な施策を講じなければならない。
　（雇用の促進等）
　第19条　国及び地方公共団体は、国及び地方公共団体並びに事業者における障害者の雇用を促進するため、障害者の優先雇用その他の施策を講じなければならない。
2　事業主は、障害者の雇用に関し、その有する能力を正当に評価し、適切な雇用の機会を確保するとともに、個々の障害者の特性に応じた適正な雇用管理を行うことによりその雇用の安定を図るよう努めなければならない。
3　国及び地方公共団体は、障害者を雇用する事業主に対して、障害者の雇用

のための経済的負担を軽減し、もつてその雇用の促進及び継続を図るため、障害者が雇用されるのに伴い必要となる施設又は設備の整備等に要する費用の助成その他必要な施策を講じなければならない。

（公共的施設のバリアフリー化）

第21条　国及び地方公共団体は、障害者の利用の便宜を図ることによって障害者の自立及び社会参加を支援するため、自ら設置する官公庁施設、交通施設（車両、船舶、航空機等の移動施設を含む。次項において同じ。）その他の公共的施設について、障害者が円滑に利用できるような施設の構造及び設備の整備等の計画的推進を図らなければならない。

2　交通施設その他の公共的施設を設置する事業者は、障害者の利用の便宜を図ることによって障害者の自立及び社会参加を支援するため、当該公共的施設について、障害者が円滑に利用できるような施設の構造及び設備の整備等の計画的推進に努めなければならない。

（情報の利用におけるバリアフリー化等）

第22条　国及び地方公共団体は、障害者が円滑に情報を取得し及び利用し、その意思を表示し、並びに他人との意思疎通を図ることができるようにするため、障害者が利用しやすい電子計算機及びその関連装置その他情報通信機器の普及、電気通信及び放送の役務の利用に関する障害者の利便の増進、障害者に対して情報を提供する施設の整備、障害者の意思疎通を仲介する者の養成及び派遣等が図られるよう必要な施策を講じなければならない。

（相談等）

第23条　国及び地方公共団体は、障害者の意思決定の支援に配慮しつつ、障害者及びその家族その他の関係者に対する相談業務、成年後見制度その他の障害者の権利利益の保護等のための施策又は制度が、適切に行われ又は広く利用されるようにしなければならない。

（文化的諸条件の整備等）

第25条　国及び地方公共団体は、障害者が円滑に文化芸術活動、スポーツ又はレクリエーションを行うことができるようにするため、施設、設備その他の諸条件の整備、文化芸術、スポーツ等に関する活動の助成その他必要な施策を講じなければならない。

⑧障害者の権利に関する条約（抜粋）

2006年12月13日第61回国連総会において採択

第1条 目的

この条約は、すべての障害者によるあらゆる人権及び基本的自由の完全かつ平等な享有を促進し、保護し、及び確保すること並びに障害者の固有の尊厳の尊重を促進することを目的とする。

障害者には、長期的な身体的、精神的、知的又は感覚的な障害を有する者であって、様々な障壁との相互作用により他の者と平等に社会に完全かつ効果的に参加することを妨げられることのあるものを含む。

第3条　一般原則

1　固有の尊厳、個人の自律（自ら選択する自由を含む。）及び個人の自立を尊重すること。
2　差別されないこと。
3　社会に完全かつ効果的に参加し、及び社会に受け入れられること。
4　人間の多様性及び人間性の一部として、障害者の差異を尊重し、及び障害者を受け入れること。
5　機会の均等
6　施設及びサービスの利用を可能にすること。
7　男女の平等
8　障害のある児童の発達しつつある能力を尊重し、及び障害のある児童がその同一性を保持する権利を尊重すること。

第5条　平等及び差別されないこと

1　締約国は、すべての者が、法律の前に又は法律に基づいて平等であり、並びにいかなる差別もなしに法律による平等の保護及び利益を受ける権利を有することを認める。
2　締約国は、障害を理由とするあらゆる差別を禁止するものとし、いかなる理由による差別に対しても平等のかつ効果的な法的保護を障害者に保障する。
3　締約国は、平等を促進し、及び差別を撤廃することを目的として、合理的配慮が提供されることを確保するためのすべての適当な措置をとる。

4　障害者の事実上の平等を促進し、又は達成するために必要な特別の措置は、この条約に規定する差別と解してはならない。
　　第7条　障害のある児童
1　締約国は、障害のある児童が他の児童と平等にすべての人権及び基本的自由を完全に享有することを確保するためのすべての必要な措置をとる。
2　障害のある児童に関するすべての措置をとるに当たっては、児童の最善の利益が主として考慮されるものとする。
3　締約国は、障害のある児童が、自己に影響を及ぼすすべての事項について自由に自己の意見を表明する権利並びにこの権利を実現するための障害及び年齢に適した支援を提供される権利を有することを確保する。この場合において、障害のある児童の意見は、他の児童と平等に、その児童の年齢及び成熟度に従って相応に考慮されるものとする。
　　第8条　意識の向上
1　締約国は、次のことのための即時の、効果的なかつ適当な措置をとることを約束する。
　1．障害者に関する社会全体（家族を含む。）の意識を向上させ、並びに障害者の権利及び尊厳に対する尊重を育成すること。
　2．あらゆる活動分野における障害者に関する定型化された観念、偏見及び有害な慣行（性及び年齢を理由とするものを含む。）と戦うこと。
　3．障害者の能力及び貢献に関する意識を向上させること。
2　このため、1の措置には、次のことを含む。
　1．次のことのための効果的な公衆の意識の啓発活動を開始し、及び維持すること。
　　(1)　障害者の権利に対する理解を育てること。
　　(2)　障害者に対する肯定的認識及び一層の社会の啓発を促進すること。
　　(3)　障害者の技術、価値及び能力並びに職場及び労働市場に対する障害者の貢献についての認識を促進すること。
　2．教育制度のすべての段階（幼年期からのすべての児童に対する教育制度を含む。）において、障害者の権利を尊重する態度を育成すること。
　3．すべてのメディア機関が、この条約の目的に適合するように障害者を描写するよう奨励すること。

4. 障害者及びその権利に関する啓発のための研修計画を促進すること。

第19条 自立した生活及び地域社会に受け入れられること

　この条約の締約国は、すべての障害者が他の者と平等の選択の機会をもって地域社会で生活する平等の権利を認めるものとし、障害者が、この権利を完全に享受し、並びに地域社会に完全に受け入れられ、及び参加することを容易にするための効果的かつ適当な措置をとる。この措置には、次のことを確保することによるものを含む。

1　障害者が、他の者と平等に、居住地を選択し、及びどこで誰と生活するかを選択する機会を有すること並びに特定の居住施設で生活する義務を負わないこと。

2　地域社会における生活及び地域社会への受入れを支援し、並びに地域社会からの孤立及び隔離を防止するために必要な在宅サービス、居住サービスその他の地域社会支援サービス（人的支援を含む。）を障害者が利用することができること。

3　一般住民向けの地域社会サービス及び施設が、障害者にとって他の者と平等に利用可能であり、かつ、障害者のニーズに対応していること。

第21条 表現及び意見の自由並びに情報の利用

　締約国は、障害者が、第２条に定めるあらゆる形態の意思疎通であって自ら選択するものにより、表現及び意見の自由（他の者と平等に情報及び考えを求め、受け、及び伝える自由を含む。）についての権利を行使することができることを確保するためのすべての適当な措置をとる。この措置には、次のことによるものを含む。

1　障害者に対し、様々な種類の障害に相応した利用可能な様式及び技術により、適時に、かつ、追加の費用を伴わず、一般公衆向けの情報を提供すること。

2　公的な活動において、手話、点字、補助的及び代替的な意思疎通並びに障害者が自ら選択する他のすべての利用可能な意思疎通の手段、形態及び様式を用いることを受け入れ、及び容易にすること。

3　一般公衆に対してサービス（インターネットによるものを含む。）を提供する民間の団体が情報及びサービスを障害者にとって利用可能又は使用可能な様式で提供するよう要請すること。

4　マスメディア（インターネットを通じて情報を提供する者を含む。）がそのサービスを障害者にとって利用可能なものとするよう奨励すること。
5　手話の使用を認め、及び促進すること。

　第24条　教育
1　締約国は、教育についての障害者の権利を認める。締約国は、この権利を差別なしにかつ、機会の均等を基礎として実現するため、次のことを目的とするあらゆる段階における障害者を包容する教育制度及び生涯学習を確保する。
　1．人間の潜在能力並びに尊厳及び自己の価値についての意識を十分に発達させ、並びに人権、基本的自由及び人間の多様性の尊重を強化すること。
　2．障害者が、その人格、才能及び創造力並びに精神的及び身体的な能力をその可能な最大限度まで発達させること。
　3．障害者が自由な社会に効果的に参加することを可能とすること。
2　締約国は、1の権利の実現に当たり、次のことを確保する。
　1．障害者が障害を理由として教育制度一般から排除されないこと及び障害のある児童が障害を理由として無償のかつ義務的な初等教育から又は中等教育から排除されないこと。
　2．障害者が、他の者と平等に、自己の生活する地域社会において、包容され、質が高く、かつ、無償の初等教育の機会及び中等教育の機会を与えられること。
　3．個人に必要とされる合理的配慮が提供されること。
　4．障害者が、その効果的な教育を容易にするために必要な支援を教育制度一般の下で受けること。
　5．学問的及び社会的な発達を最大にする環境において、完全な包容という目標に合致する効果的で個別化された支援措置がとられることを確保すること。
3　締約国は、障害者が地域社会の構成員として教育に完全かつ平等に参加することを容易にするため、障害者が生活する上での技能及び社会的な発達のための技能を習得することを可能とする。このため、締約国は、次のことを含む適当な措置をとる。
　1．点字、代替的な文字、意思疎通の補助的及び代替的な形態、手段及び様式並びに適応及び移動のための技能の習得並びに障害者相互による支援及

び助言を容易にすること。
 2. 手話の習得及び聴覚障害者の社会の言語的な同一性の促進を容易にすること。
 3. 視覚障害若しくは聴覚障害又はこれらの重複障害のある者（特に児童）の教育が、その個人にとって最も適当な言語並びに意思疎通の形態及び手段で、かつ、学問的及び社会的な発達を最大にする環境において行われることを確保すること。
 4. 締約国は、1の権利の実現の確保を助長することを目的として、手話又は点字について能力を有する教員（障害のある教員を含む。）を雇用し、並びに教育のすべての段階に従事する専門家及び職員に対する研修を行うための適当な措置をとる。この研修には、障害についての意識の向上を組み入れ、また、適当な意思疎通の補助的及び代替的な形態、手段及び様式の使用並びに障害者を支援するための教育技法及び教材の使用を組み入れるものとする。
 5. 締約国は、障害者が、差別なしに、かつ、他の者と平等に高等教育一般、職業訓練、成人教育及び生涯学習の機会を与えられることを確保する。このため、締約国は、合理的配慮が障害者に提供されることを確保する。

第27条 労働及び雇用

1　締約国は、障害者が他の者と平等に労働についての権利を有することを認める。この権利には、障害者に対して開放され、障害者を受け入れ、及び障害者にとって利用可能な労働市場及び労働環境において、障害者が自由に選択し、又は承諾する労働によって生計を立てる機会を有する権利を含む。締約国は、特に次のことのための適当な措置（立法によるものを含む。）をとることにより、労働についての障害者（雇用の過程で障害を有することとなった者を含む。）の権利が実現されることを保障し、及び促進する。
 1. あらゆる形態の雇用に係るすべての事項（募集、採用及び雇用の条件、雇用の継続、昇進並びに安全かつ健康的な作業条件を含む。）に関し、障害を理由とする差別を禁止すること。
 2. 他の者と平等に、公正かつ良好な労働条件（例えば、均等な機会及び同一価値の労働についての同一報酬）、安全かつ健康的な作業条件（例えば、嫌がらせからの保護）及び苦情に対する救済についての障害者の権利を保

護すること。
3. 障害者が他の者と平等に労働組合についての権利を行使することができることを確保すること。
4. 障害者が技術及び職業の指導に関する一般的な計画、職業紹介サービス並びに職業訓練及び継続的な訓練を効果的に利用することを可能とすること。
5. 労働市場において障害者の雇用機会の増大を図り、及びその昇進を促進すること並びに職業を求め、これに就き、これを継続し、及びその職業に復帰する際の支援を促進すること。
6. 自営活動の機会、起業能力、協同組合の発展及び自己の事業の開始を促進すること。
7. 公的部門において障害者を雇用すること。
8. 適当な政策及び措置（積極的差別是正措置、奨励措置その他の措置を含めることができる。）を通じて、民間部門における障害者の雇用を促進すること。
9. 職場において合理的配慮が障害者に提供されることを確保すること。
10. 開かれた労働市場において障害者が実務経験を取得することを促進すること。
11. 障害者の職業リハビリテーション、職業の保持及び職場復帰計画を促進すること。

2　締約国は、障害者が、奴隷の状態又は隷属状態に置かれないこと及び他の者と平等に強制労働から保護されることを確保する。

第30条　文化的な生活、レクリエーション、余暇及びスポーツへの参加

1　締約国は、障害者が他の者と平等に文化的な生活に参加する権利を認めるものとし、障害者が次のことを行うことを確保するためのすべての適当な措置をとる。
1. 利用可能な様式を通じて、文化的な作品を享受すること。
2. 利用可能な様式を通じて、テレビジョン番組、映画、演劇その他の文化的な活動を享受すること。
3. 文化的な公演又はサービスが行われる場所（例えば、劇場、博物館、映画館、図書館、観光サービス）へのアクセスを享受し、並びにできる限り

自国の文化的に重要な記念物及び遺跡へのアクセスを享受すること。
２　締約国は、障害者が、自己の利益のためのみでなく、社会を豊かにするためにも、創造的、芸術的及び知的な潜在能力を開発し、及び活用する機会を有することを可能とするための適当な措置をとる。
３　締約国は、国際法に従い、知的財産権を保護する法律が、障害者が文化的な作品を享受する機会を妨げる不当な又は差別的な障壁とならないことを確保するためのすべての適当な措置をとる。
４　障害者は、他の者と平等に、その独自の文化的及び言語的な同一性（手話及び聴覚障害者の文化を含む。）の承認及び支持を受ける権利を有する。
５　締約国は、障害者が他の者と平等にレクリエーション、余暇及びスポーツの活動に参加することを可能とすることを目的として、次のことのための適当な措置をとる。

1. 障害者があらゆる水準の一般のスポーツ活動に可能な限り参加することを奨励し、及び促進すること。
2. 障害者が障害に応じたスポーツ活動及びレクリエーション活動を組織し、及び発展させ、並びにこれらに参加する機会を有することを確保すること。このため、適当な指導、研修及び資源が他の者と平等に提供されるよう奨励すること。
3. 障害者がスポーツ、レクリエーション及び観光の場所へのアクセスを認められることを確保すること。
4. 障害のある児童が遊び、レクリエーション、余暇及びスポーツ活動（学校制度におけるこれらの活動を含む。）への参加について均等な機会を享受することを確保すること。
5. 障害者がレクリエーション、観光、余暇及びスポーツ活動の企画に関与する者によるサービスを利用することを確保すること。

（日本政府仮訳）

⑨児童福祉法（抜粋）

1947年12月12日施行
2011年12月14日最終改正

第1章　総則

第1条　すべて国民は、児童が心身ともに健やかに生まれ、且つ、育成されるよう努めなければならない。

2　すべて児童は、ひとしくその生活を保障され、愛護されなければならない。

第2条　国及び地方公共団体は、児童の保護者とともに、児童を心身ともに健やかに育成する責任を負う。

第1節　定義

第4条　この法律で、児童とは、満18歳に満たない者をいい、児童を左のように分ける。

一　乳児　満1歳に満たない者
二　幼児　満1歳から、小学校就学の始期に達するまでの者
三　少年　小学校就学の始期から、満18歳に達するまでの者

第6条の2　この法律で、児童自立生活援助事業とは、第25条の7第1項第三号に規定する児童自立生活援助の実施に係る義務教育終了児童等（略）につき第33条の6第1項に規定する住居において同項に規定する日常生活上の援助及び生活指導並びに就業の支援を行い、あわせて第25条の7第1項第三号に規定する児童自立生活援助の実施を解除された者につき相談その他の援助を行う事業をいう。

2　この法律で、放課後児童健全育成事業とは、小学校に就学しているおおむね10歳未満の児童であって、その保護者が労働等により昼間家庭にいないものに、政令で定める基準に従い、授業の終了後に児童厚生施設等の施設を利用して適切な遊び及び生活の場を与えて、その健全な育成を図る事業をいう。

6　この法律で、地域子育て支援拠点事業とは、厚生労働省令で定めるところにより、乳児又は幼児及びその保護者が相互の交流を行う場所を開設し、子育てについての相談、情報の提供、助言その他の援助を行う事業をいう。

第7条　この法律で、児童福祉施設とは、助産施設、乳児院、母子生活支援施設、保育所、児童厚生施設、児童養護施設、知的障害児施設、知的障害児通

園施設、盲ろうあ児施設、肢体不自由児施設、重症心身障害児施設、情緒障害児短期治療施設、児童自立支援施設及び児童家庭支援センターとする。
　第12条　都道府県は、児童相談所を設置しなければならない。
　第12条の3　児童相談所の所長及び所員は、都道府県知事の補助機関である職員とする。
2　所長は、次の各号のいずれかに該当する者でなければならない。
　一　医師であって、精神保健に関して学識経験を有する者
　二　学校教育法（昭和22年法律第26号）に基づく大学又は旧大学令（大正7年勅令第388号）に基づく大学において、心理学を専修する学科又はこれに相当する課程を修めて卒業した者
　三　社会福祉士
　四　児童の福祉に関する事務をつかさどる職員（以下「児童福祉司」という。）として2年以上勤務した者又は児童福祉司たる資格を得た後2年以上所員として勤務した者
　五　前各号に掲げる者と同等以上の能力を有すると認められる者であって、厚生労働省令で定めるもの
　第12条の4　児童相談所には、必要に応じ、児童を一時保護する施設を設けなければならない。
　第4節　児童福祉司
　第13条　都道府県は、その設置する児童相談所に、児童福祉司を置かなければならない。
3　児童福祉司は、児童相談所長の命を受けて、児童の保護その他児童の福祉に関する事項について、相談に応じ、専門的技術に基いて必要な指導を行う等児童の福祉増進に努める。
　第14条　市町村長は、前条第3項に規定する事項に関し、児童福祉司に必要な状況の通報及び資料の提供並びに必要な援助を求めることができる。
2　児童福祉司は、その担当区域内における児童に関し、必要な事項につき、その担当区域を管轄する児童相談所長又は市町村長にその状況を通知し、併せて意見を述べなければならない。

第2章　福祉の保障
第2節　居宅生活の支援
　第21条の9　市町村は、児童の健全な育成に資するため、その区域内において、放課後児童健全育成事業、子育て短期支援事業、乳児家庭全戸訪問事業、養育支援訪問事業、地域子育て支援拠点事業及び一時預かり事業並びに次に掲げる事業であって主務省令で定めるもの（以下「子育て支援事業」という。）が着実に実施されるよう、必要な措置の実施に努めなければならない。
　一　児童及びその保護者又はその他の者の居宅において保護者の児童の養育を支援する事業
　二　保育所その他の施設において保護者の児童の養育を支援する事業
　三　地域の児童の養育に関する各般の問題につき、保護者からの相談に応じ、必要な情報の提供及び助言を行う事業
　第21条の10　市町村は、児童の健全な育成に資するため、地域の実情に応じた放課後児童健全育成事業を行うとともに、当該市町村以外の放課後児童健全育成事業を行う者との連携を図る等により、第6条の2第2項に規定する児童の放課後児童健全育成事業の利用の促進に努めなければならない。
第5節　要保護児童の保護措置等
　第25条　要保護児童を発見した者は、これを市町村、都道府県の設置する福祉事務所若しくは児童相談所又は児童委員を介して市町村、都道府県の設置する福祉事務所若しくは児童相談所に通告しなければならない。ただし、罪を犯した満14歳以上の児童については、この限りでない。この場合においては、これを家庭裁判所に通告しなければならない。

第3章　事業、養育里親及び施設
　第40条　児童厚生施設は、児童遊園、児童館等児童に健全な遊びを与えて、その健康を増進し、又は情操をゆたかにすることを目的とする施設とする。

⑩児童の権利に関する条約（抜粋）

1989年11月20日第44回国連総会で採択

第12条

1　締約国は、自己の意見を形成する能力のある児童がその児童に影響を及ぼすすべての事項について自由に自己の意見を表明する権利を確保する。この場合において、児童の意見は、その児童の年齢及び成熟度に従って相応に考慮されるものとする。

2　このため、児童は、特に、自己に影響を及ぼすあらゆる司法上及び行政上の手続において、国内法の手続規則に合致する方法により直接に又は代理人若しくは適当な団体を通じて聴取される機会を与えられる。

第13条

1　児童は、表現の自由についての権利を有する。この権利には、口頭、手書き若しくは印刷、芸術の形態又は自ら選択する他の方法により、国境とのかかわりなく、あらゆる種類の情報及び考えを求め、受け及び伝える自由を含む。

第15条

1　締約国は、結社の自由及び平和的な集会の自由についての児童の権利を認める。

第17条

締約国は、大衆媒体（マス・メディア）の果たす重要な機能を認め、児童が国の内外の多様な情報源からの情報及び資料、特に児童の社会面、精神面及び道徳面の福祉並びに心身の健康の促進を目的とした情報及び資料を利用することができることを確保する。このため締約国は、

- (a) 児童にとって社会面及び文化面において有益であり、かつ、第29条の精神に沿う情報及び資料を大衆媒体（マス・メディア）が普及させるよう奨励する。
- (b) 国の内外の多様な情報源（文化的にも多様な情報源を含む。）からの情報及び資料の作成、交換及び普及における国際協力を奨励する。
- (c) 児童用書籍の作成及び普及を奨励する。
- (d) 少数集団に属し又は原住民である児童の言語上の必要性について大衆媒体（マス・メディア）が特に考慮するよう奨励する。

(e) 第13条及び次条の規定に留意して、児童の福祉に有害な情報及び資料から児童を保護するための適当な指針を発展させることを奨励する。

第19条
1 締約国は、児童が父母、法定保護者又は児童を監護する他の者による監護を受けている間において、あらゆる形態の身体的若しくは精神的な暴力、傷害若しくは虐待、放置若しくは怠慢な取扱い、不当な取扱い又は搾取（性的虐待を含む。）からその児童を保護するためすべての適当な立法上、行政上、社会上及び教育上の措置をとる。

第28条
1 締約国は、教育についての児童の権利を認めるものとし、この権利を漸進的にかつ機会の平等を基礎として達成するため、特に、
 (a) 初等教育を義務的なものとし、すべての者に対して無償のものとする。
 (b) 種々の形態の中等教育（一般教育及び職業教育を含む。）の発展を奨励し、すべての児童に対し、これらの中等教育が利用可能であり、かつ、これらを利用する機会が与えられるものとし、例えば、無償教育の導入、必要な場合における財政的援助の提供のような適当な措置をとる。
 (c) すべての適当な方法により、能力に応じ、すべての者に対して高等教育を利用する機会が与えられるものとする。
 (d) すべての児童に対し、教育及び職業に関する情報及び指導が利用可能であり、かつ、これらを利用する機会が与えられるものとする。
 (e) 定期的な登校及び中途退学率の減少を奨励するための措置をとる。

第29条
1 締約国は、児童の教育が次のことを指向すべきことに同意する。
 (a) 児童の人格、才能並びに精神的及び身体的な能力をその可能な最大限度まで発達させること。
 (b) 人権及び基本的自由並びに国際連合憲章にうたう原則の尊重を育成すること。
 (c) 児童の父母、児童の文化的同一性、言語及び価値観、児童の居住国及び出身国の国民的価値観並びに自己の文明と異なる文明に対する尊重を育成すること。
 (d) すべての人民の間の、種族的、国民的及び宗教的集団の間の並びに原住

民である者の理解、平和、寛容、両性の平等及び友好の精神に従い、自由な社会における責任ある生活のために児童に準備させること。
(e) 自然環境の尊重を育成すること。
2 この条又は前条のいかなる規定も、個人及び団体が教育機関を設置し及び管理する自由を妨げるものと解してはならない。ただし、常に1に定める原則が遵守されること及び当該教育機関において行われる教育が国によって定められる最低限度の基準に適合することを条件とする。
第31条
1 締約国は、休息及び余暇についての児童の権利並びに児童がその年齢に適した遊び及びレクリエーションの活動を行い並びに文化的な生活及び芸術に自由に参加する権利を認める。
2 締約国は、児童が文化的及び芸術的な生活に十分に参加する権利を尊重しかつ促進するものとし、文化的及び芸術的な活動並びにレクリエーション及び余暇の活動のための適当かつ平等な機会の提供を奨励する。

⑪老人福祉法（抜粋）

1972年7月11日施行
2011年12月14日最終改正

第1章 総則
（目的）
第1条 この法律は、老人の福祉に関する原理を明らかにするとともに、老人に対し、その心身の健康の保持及び生活の安定のために必要な措置を講じ、もつて老人の福祉を図ることを目的とする。
（基本的理念）
第2条 老人は、多年にわたり社会の進展に寄与してきた者として、かつ、豊富な知識と経験を有する者として敬愛されるとともに、生きがいを持てる健全で安らかな生活を保障されるものとする。
第3条 老人は、老齢に伴って生ずる心身の変化を自覚して、常に心身の健

康を保持し、又は、その知識と経験を活用して、社会的活動に参加するように努めるものとする。
2　老人は、その希望と能力とに応じ、適当な仕事に従事する機会その他社会的活動に参加する機会を与えられるものとする。
（老人福祉増進の責務）
　第4条　国及び地方公共団体は、老人の福祉を増進する責務を有する。
2　国及び地方公共団体は、老人の福祉に関係のある施策を講ずるに当たっては、その施策を通じて、前二条に規定する基本的理念が具現されるように配慮しなければならない。
3　老人の生活に直接影響を及ぼす事業を営む者は、その事業の運営に当たっては、老人の福祉が増進されるように努めなければならない。
（市町村の福祉事務所の社会福祉主事）
　第6条　市及び福祉事務所を設置する町村は、その設置する福祉事務所に、福祉事務所の長（以下「福祉事務所長」という。）の指揮監督を受けて、主として次に掲げる業務を行う所員として、社会福祉主事を置かなければならない。
　　一　福祉事務所の所員に対し、老人の福祉に関する技術的指導を行うこと。
　　二　第五条の四第二項第二号に規定する業務のうち、専門的技術を必要とする業務を行うこと。

第2章　福祉の措置
（支援体制の整備等）
　第10条の3　市町村は、65歳以上の者であって、身体上又は精神上の障害があるために日常生活を営むのに支障があるものが、心身の状況、その置かれている環境等に応じて、自立した日常生活を営むために最も適切な支援が総合的に受けられるように、次条及び第11条の措置その他地域の実情に応じたきめ細かな措置の積極的な実施に努めるとともに、これらの措置、介護保険法に規定する居宅サービス、地域密着型サービス、居宅介護支援、施設サービス、介護予防サービス、地域密着型介護予防サービス及び介護予防支援並びに老人クラブその他老人の福祉を増進することを目的とする事業を行う者の活動の連携及び調整を図る等地域の実情に応じた体制の整備に努めなければならない。

（居宅における介護等）
第14条の4　市町村は、必要に応じて、次の措置を採ることができる。
二　65歳以上の者であって、身体上又は精神上の障害があるために日常生活を営むのに支障があるものが、やむを得ない事由により介護保険法に規定する通所介護、認知症対応型通所介護、介護予防通所介護又は介護予防認知症対応型通所介護を利用することが著しく困難であると認めるときは、その者（養護者を含む。）を、政令で定める基準に従い、当該市町村の設置する老人デイサービスセンター若しくは第5条の2第三項の厚生労働省令で定める施設（以下「老人デイサービスセンター等」という。）に通わせ、同項の厚生労働省令で定める便宜を供与し、又は当該市町村以外の者の設置する老人デイサービスセンター等に通わせ、当該便宜を供与することを委託すること。
四　65歳以上の者であって、身体上又は精神上の障害があるために日常生活を営むのに支障があるものが、やむを得ない事由により介護保険法に規定する小規模多機能型居宅介護又は介護予防小規模多機能型居宅介護を利用することが著しく困難であると認めるときは、その者につき、政令で定める基準に従い、その者の居宅において、又は第5条の2第五項の厚生労働省令で定めるサービスの拠点に通わせ、若しくは短期間宿泊させ、当該拠点において、同項の厚生労働省令で定める便宜及び機能訓練を供与し、又は当該市町村以外の者に当該便宜及び機能訓練を供与することを委託すること。

（老人福祉の増進のための事業）
第13条　地方公共団体は、老人の心身の健康の保持に資するための教養講座、レクリエーションその他広く老人が自主的かつ積極的に参加することができる事業（以下「老人健康保持事業」という。）を実施するように努めなければならない。
2　地方公共団体は、老人の福祉を増進することを目的とする事業の振興を図るとともに、老人クラブその他当該事業を行う者に対して、適当な援助をするように努めなければならない。

（老人福祉センター）
第20条の7　老人福祉センターは、無料又は低額な料金で、老人に関する各

種の相談に応ずるとともに、老人に対して、健康の増進、教養の向上及びレクリエーションのための便宜を総合的に供与することを目的とする施設とする。
　（老人介護支援センター）
　第20条の7の二　老人介護支援センターは、地域の老人の福祉に関する各般の問題につき、老人、その者を現に養護する者、地域住民その他の者からの相談に応じ、必要な助言を行うとともに、主として居宅において介護を受ける老人又はその者を現に養護する者と市町村、老人居宅生活支援事業を行う者、老人福祉施設、医療施設、老人クラブその他老人の福祉を増進することを目的とする事業を行う者等との連絡調整その他の厚生労働省令で定める援助を総合的に行うことを目的とする施設とする。

⑫高齢社会対策基本法（抜粋）

1995年12月16日施行

第1章　総則
（目的）
　第1条　この法律は、我が国における急速な高齢化の進展が経済社会の変化と相まって、国民生活に広範な影響を及ぼしている状況にかんがみ、高齢化の進展に適切に対処するための施策（以下「高齢社会対策」という。）に関し、基本理念を定め、並びに国及び地方公共団体の責務等を明らかにするとともに、高齢社会対策の基本となる事項を定めること等により、高齢社会対策を総合的に推進し、もって経済社会の健全な発展及び国民生活の安定向上を図ることを目的とする。
　（基本理念）
　第2条　高齢社会対策は、次の各号に掲げる社会が構築されることを基本理念として、行われなければならない。
　一　国民が生涯にわたって就業その他の多様な社会的活動に参加する機会が確保される公正で活力ある社会
　二　国民が生涯にわたって社会を構成する重要な一員として尊重され、地域

社会が自立と連帯の精神に立脚して形成される社会
　三　国民が生涯にわたって健やかで充実した生活を営むことができる豊かな社会
（国の責務）
　第3条　国は、前条の基本理念（次条において「基本理念」という。）にのっとり、高齢社会対策を総合的に策定し、及び実施する責務を有する。
（地方公共団体の責務）
　第4条　地方公共団体は、基本理念にのっとり、高齢社会対策に関し、国と協力しつつ、当該地域の社会的、経済的状況に応じた施策を策定し、及び実施する責務を有する。
（国民の努力）
　第5条　国民は、高齢化の進展に伴う経済社会の変化についての理解を深め、及び相互の連帯を一層強めるとともに、自らの高齢期において健やかで充実した生活を営むことができることとなるよう努めるものとする。

　第2章　基本的施策
（就業及び所得）
　第9条　国は、活力ある社会の構築に資するため、高齢者がその意欲と能力に応じて就業することができる多様な機会を確保し、及び勤労者が長期にわたる職業生活を通じて職業能力を開発し、高齢期までその能力を発揮することができるよう必要な施策を講ずるものとする。
（健康及び福祉）
　第10条　国は、高齢期の健全で安らかな生活を確保するため、国民が生涯にわたって自らの健康の保持増進に努めることができるよう総合的な施策を講ずるものとする。
　2　国は、高齢者の保健及び医療並びに福祉に関する多様な需要に的確に対応するため、地域における保健及び医療並びに福祉の相互の有機的な連携を図りつつ適正な保健医療サービス及び福祉サービスを総合的に提供する体制の整備を図るとともに、民間事業者が提供する保健医療サービス及び福祉サービスについて健全な育成及び活用を図るよう必要な施策を講ずるものとする。
　（学習及び社会参加）

第11条　国は、国民が生きがいを持って豊かな生活を営むことができるようにするため、生涯学習の機会を確保するよう必要な施策を講ずるものとする。
2　国は、活力ある地域社会の形成を図るため、高齢者の社会的活動への参加を促進し、及びボランティア活動の基盤を整備するよう必要な施策を講ずるものとする。
　（生活環境）
　第12条　国は、高齢者が自立した日常生活を営むことができるようにするため、高齢者に適した住宅等の整備を促進し、及び高齢者のための住宅を確保し、並びに高齢者の円滑な利用に配慮された公共的施設の整備を促進するよう必要な施策を講ずるものとする。
2　国は、高齢者が不安のない生活を営むことができるようにするため、高齢者の交通の安全を確保するとともに、高齢者を犯罪の被害、災害等から保護する体制を整備するよう必要な施策を講ずるものとする。

おわりに

　本書は福祉と教育の分野に関わる自治体の職員、福祉関係の法人等の職員そして大学等の教員によって執筆されたものであるため、それぞれの立場や考え方を尊重してあえて文体や表現法などについては統一しなかった。そうした点を念頭にお読みいただければと思う。
　最後に、本書の出版を快く引き受けていただいた現代書館の吉田秀登氏に心より感謝申し上げる次第である。

2012年10月

小林　繁

<執筆者>

小林　繁（明治大学）　　　　　　　　　　序章、第1章、第4章の第1節、第3節、第4節

兼松忠雄（国立市教育委員会）　　　　　　第2章

小松邦明（高浜市障害者相談支援事業所総合コーディネーター）
　　　　　　　　　　　　　　　　　　　　第3章

加藤タケ子（社会福祉法人さかえの杜「ほっとはうす」施設長）
　　　　　　　　　　　　　　　　　　　　第4章の第2節

杉野聖子（江戸川大学総合福祉専門学校）　第5章、第6章の第1節、第4節、第5節

宮島　敏（社会福祉法人浴風会）　　　　　第6章の第2節、第3節、第5節

＜編著者＞

小林　繁（こばやし　しげる）
1954年に福島県に生まれる。現在、明治大学文学部教授。
主な著書に、『君と同じ街に生きて――障害をもつ市民の生涯学習・ボランティア・学校週五日制――』（編著、れんが書房新社、1995年）、『学びのオルタナティヴ』（編著、れんが書房新社、1996年）、『この街がフィールド――障害をもつ人の生涯学習ハンドブック――』（編著、れんが書房新社、1998年）、『学びのトポス――社会教育計画論――』（クレイン、2000年）、『学びあう「障害」』（編著、クレイン、2001年）、『現代社会教育――生涯学習と社会教育職員――』（クレイン、2008年）、『障害をもつ人の学習権保障とノーマライゼーションの課題』（れんが書房新社、2010年）などがある。

地域福祉と生涯学習――学習が福祉をつくる――
2012年11月25日　第1版第1刷

編著者	小林　繁	
著　者	兼松忠雄	
	小松邦明	
	加藤タケ子	
	杉野聖子	
	宮島　敏	
発行者	菊地泰博	
組　版	具羅夢	
印　刷	平河工業社（本文）	
	東光印刷所（カバー）	
製本所	越後堂製本	

発行所　株式会社 現代書館
〒102-0072　東京都千代田区飯田橋3-2-5
電話 03（3221）1321　振替 00120-3-83725
FAX 03（3262）5906　http://www.gendaishokan.co.jp/

校正協力・高梨恵一

© 2012 KOBAYASHI Shigeru/KANEMATSU Tadao/KOMATSU Kuniaki/
KATO Takeko/SUGINO Seiko/MIYAJIMA Tsutomu
Printed in Japan ISBN978-4-7684-3519-9
定価はカバーに表示してあります。乱丁・落丁本はおとりかえいたします。

本書の一部あるいは全部を無断で利用（コピー等）することは、著作権法上の例外を除き禁じられています。但し、視覚障害その他の理由で活字のままでこの本を利用できない人のために、営利を目的とする場合を除き「録音図書」「点字図書」「拡大写本」の製作を認めます。その際は事前に当社までご連絡ください。また、テキストデータをご希望の方はご住所・お名前・お電話番号をご明記の上、右下の請求券を当社までお送りください。

活字で利用できない方のためのテキストデータ請求券『地域福祉と生涯学習』

生涯学習論
大人のための教育入門
久田邦明 著

学校モデルだけが唯一の教育ではない。江戸時代より各地に点在した茶堂という地域の集会所を舞台に教え・学び合う「茶堂文化」を再発見し、全ての人に「居場所」を提供した学習空間を詳解。今日のコミュニティカフェの動向も伝える。

2200円＋税

支援の障害学に向けて
横須賀俊司・松岡克尚 編著

障害と障害をもたない人との社会関係を「支援」と「つながり」をキーワードにソーシャルワーク、聴覚障害学生へのノートテイク、精神病院での権利擁護、バリアフリー旅行、政策立案過程への参画、等の実践から捉え返す。障害学分野における意欲的な論考。

1700円＋税

ノーマライゼーションの原理［新訂版］
普遍化と社会変革を求めて
ベンクト・ニィリエ 著／河東田博 他 訳編

40年前北欧で提唱され、今日共生社会の普遍的理念として支持され、社会のあり方を変えてきたノーマライゼーションの考え方を初めて八つの原理に成文化し、定着・発展のために活動してきた「育ての父」の一九六〇年から現在までの思想展開。「ノーマライゼーション」を語るときの原典。

1800円＋税

ノーマライゼーション原理とは何か
人権と共生の原理の探究
河東田博 著

北欧で誕生し今日共生社会の基本理念となっているノーマライゼーション。そのルーツについて、デンマーク1959年法でバンク＝ミケルセンが唱える以前にスウェーデン社会庁報告書でノーマライゼーション原理が検討されていたという新たな発見と、その後の展開の研究。

1700円＋税

地域と障害
しがらみを編みなおす
わらじの会 編

埼玉県春日部市で、重度障害の姉妹の住む家を使ってつくったグループホームから始まった「わらじの会」。様々な施策を使いつつ、住民同士がしがらみの中で地域で共に暮らし続けることを支えた30年の軌跡。住民参画・ボランティア論を超えた生き様の記録。

3000円＋税

認知症ケアは地域革命！
「地域福祉館 藤井さん家」の取り組み
牧坂秀敏 著

福岡県大牟田市の空き家を使った認知症対応デイケアサービス「地域福祉館 藤井さん家」の一年半の記録。誰でも寄れる地域寄り合い所、放課後の子どもの居場所など、介護保険外の取組みで地域交流を拡げ、認知症ケアから地域再生を提唱する。

1900円＋税

日本発 共生・共働の社会的企業
経済の民主主義と公平な分配を求めて
特定非営利活動法人 共同連 編

障害者、薬物・アルコール依存、シングルマザー、ホームレス、ニートなど、社会的に排除されやすい人を一定割合雇い、ソーシャルインクルージョンと平等な分配を追求する社会的事業所の意義と取り組み、促進のための制度を考える。具体的な事業所の事例多数。

2000円＋税

（定価は二〇一二年十一月一日現在のものです。）